BERT HELLINGER / GABRIELE TEN HÖVEL

Un largo camino

Diálogos sobre el destino, la reconciliación y la felicidad

Título original:

"Ein langer Weg
Gespräche über Schicksal, Versöhnung und Glück"

Kösel-Verlag GmbH & Co., Munich
© 2005 – ISBN 3-466-30694-9

Traducción del alemán: Manfred Sommersguter
y Liliana Fernandez

Directora Editorial: Tiiu Bolzmann

Coordinación editorial y correcciones: Graciela Lauro

Diseño: Andy Sfeir

Primera edición en español: septiembre de 2006

Impreso por: Look Impresiones s.r.l.

Reservados todos los derechos por la editorial.
Este libro no puede reproducirse total ni parcialmente,
En cualquier forma que sea, electrónica o mecánica,
Sin autorización escrita de los autores y/o la editorial.

Hecho el depósito que marca la ley 11.723

Impreso en Argentina
ISBN-10: 987-23174-0-2
ISBN-13: 978-987-23174-0-9

Alma Lepik
EDITORIAL

Quito 4231
editorialalmalepik@fibertel.com.ar

Buenos Aires
www.hellingerargentina.com.ar

Índice

Prólogo   10

"Para mí siempre se trataba del crecimiento interior"   19
Hitos en la vida

"Jamás quise ser maestro"   24

"En realidad no tuve juventud"   29
La guerra

"There is a fucking German somewhere"   31
("Hay un maldito alemán por aquí")
La fuga

"Esta decisión no fue libre"   34
La Orden

"No tenía idea alguna"   40
En África como misionero en Mariannhill

"People or ideals – what do you sacrifice for what?"   48
("La gente o los ideales - ¿qué sacrificas por qué?)
La dinámica de grupo

"Me voy"   53
Concluye el período en la Orden

"Hasta los 50 no me sentí preparado"   58
Fases evolutivas

"No se me permite cometer errores"   69
*Sobre el trabajo con grandes grupos, la clarificación
de las misiones y el trato con inmigrantes*

"No hay crecimiento sin resistencia"   71
Acerca de lo duro del proceso terapéutico

"Yo no digo que los inmigrantes deban retornar"   73

"Yo trabajo con el grupo íntegro"   75

"Yo no me manifiesto políticamente"   77

"Yo no soy mecánico"   77
Clarificando la misión

"Yo no trabajo contra resistencias"   81
La interrupción

"Estos conocimientos salvan vidas"   83

Los cinco anillos del amor   87
*Sobre los padres, la pubertad, la pareja
y el arte de tomar para sí*

El primer anillo: los padres   89
Meditación para el primer anillo del amor

El segundo anillo: infancia y pubertad   91
Meditación para el segundo anillo del amor

El tercer anillo: dar y tomar   97
*Meditación para el tercer anillo del amor
Segunda meditación para el tercer anillo del amor*

El cuarto y quinto anillo del amor: el consentimiento
con todas las personas y el mundo					101

"Quien puede alegrarse de su madre, gana"				103
Sobre de la felicidad y la alegría

"El padre ya no ha de luchar"						106
Sobre el distanciamiento del hijo

"Yo honro a las madres a partir de un juicio filosófico"		109
Sobre los logros de madres y padres

"Dedos de una mano poderosa"					111
La relación entre víctimas y victimarios

"Recibo a todos los excluidos en mi corazón"				114

"Las víctimas necesitan de un derecho
de arraigo en nuestros corazones"					117

"Yo me retiro de los victimarios"					119

"Yo veo a Hitler como hombre, sin perdonarle nada"			121

"... entonces los cristianos clavaron
a los judíos en la cruz"						126
Sobre antisemitismo, judíos y cristianos

"En el amor estoy vinculado y soy libre"				131
Sobre la autonomía y la pubertad de los adultos

"El entusiasmo tiene algo de ilusorio"					137
Sobre el entusiasmo y el recogimiento

"Nadie invoca su conciencia cuando hace algo bueno" 140
Acerca de lo pueril de la "conciencia tranquila"

"Colaborar sabiendo y sufriendo" 146
Sobre la culpa ineludible

"Este es el punto final de la individualización" 150
Sobre la conciencia arcaica y el campo

"Yo soy alemán – pero no orgulloso" 155
Sobre la reconciliación y el patriotismo

Mirar con amor a los muertos, en lugar de actuar sobre la conciencia de los vivos" 159
Sobre la memoria y la represión

"Lo que fue tiene que poder haber pasado en el corazón" 164
Sobre la compensación y la indignación

"La indignación no sabe de compasión" 167
Sobre la paz y la buena conciencia

"Cuando lo que fue puede ser pasado, hay futuro" 169
Constelaciones políticas

"¿Entonces los polacos querrán más a los alemanes ...?" 176
Sobre las exigencias de reparaciones

"No pretendo ser dueño de la verdad" 179
Sobre la movilización del alma y lo no aprehensible

"... que lo impensable se torne visible" 191
Sobre la información y el campo

"Si indago, mi intención es egoísta" 194
Sobre la verificación de éxitos
y las pruebas de la eficacia

"Todo lo movido fue movido por algo" 199
Sobre otros poderes, religión y libre albedrío

"Debemos continuar avanzando" 205
Sobre los límites de las soluciones

Prólogo

Fue en febrero. Abandonábamos la emisora bávara de radio y nos dirigíamos por la nieve derretida hacia la estación ferroviaria central de Munich. Le pregunté: "¿Hasta cuándo piensa usted continuar trabajando?". "Oh, creo que pronto será suficiente", dijo. Entonces Hellinger tenía 70 años. Había un libro de él y acabábamos de grabar la primera emisión radiofónica.

"¿Bert Hellinger? ¿Quién es?", me había preguntado el redactor aquella vez. Recién cuando le aseguré que era alguien que en ese momento estaba revolucionando el pensamiento terapéutico, confió en mí, aunque con una rara sensación en su estómago. Cuando el redactor, un teólogo diplomado, hubo escuchado las cintas con la audición preparada, finalmente concluyó: "A cada momento me levantaba y daba unos pasos, de tanta inquietud, indignación y ambivalencias que sentía en mí". Mi amiga, a quien le había pasado extractos de audio del trabajo de Hellinger, solamente dijo: "Pero, Gabriele, en qué te has vuelto a meter?". Y cuando con otra amiga quise ver las primeras cintas de video del trabajo de Hellinger, ella se puso de pie a los pocos minutos: "No resisto ver esto; es que él habla como ese nazi, Freisler[1]".

Diez años pasaron desde entonces. El hombre que supuestamente habla como Freisler es ahora mundialmente famoso. Millones de personas en todo el mundo leen sus libros publicados en 19 idiomas, del chino hasta el portugués y el serbio. Su método de las constelaciones familiares se ofrece en folle-

---

[1] Freisler, Roland (1893-1945), llegó a fanatizado Presidente del Tribunal Popular Nazi. Temido por las severísimas penas que aplicaba, se lo llamó el "juez sangriento". Condenó sin piedad a los participantes del fracasado levantamiento y atentado contra Hitler del 20 de julio de 1944. Murió bajo las bombas aliadas en Berlín. [N.d.T.]

tos de papel de primera calidad, en volantes distribuídos en los comercios biodinámicos y en los centros de capacitación para adultos.

Y es objeto de sospecha. Ya entonces había roto muchos tabúes y era un atrevimiento para cualquier corazón combativo y revoltoso que le hubiera sonreído a las ideas libertarias del '68. Autonomía y emancipación son las palabras sagradas que muchos le oponían a aquel hombre que hablaba de uniones y órdenes del amor; autodeterminación, libertad, resistencia. Pero eso era todavía inofensivo.

Hellinger continuaba con su trabajo, a veces ante grandes grupos – lo que hasta hoy es una piedra del escándalo. Cada vez con más frecuencia quedó demostrado en las constelaciones la acción incisiva que el nacionalsocialismo tiene hasta hoy en las familias, aunque quizá haya sido tan sólo su enfoque, que paulatinamente se fue desplazando. Porque, ¿dónde no afloran la huída y las expulsiones, el partido nazi o la resistencia, los asesinatos de impedidos, la muerte en las hogueras de Dresde, Dortmund o Hamburgo – en qué familia alemana no hay víctimas o victimarios?

Las constelaciones hacían emerger nuevas revelaciones chocantes para muchos. Por ejemplo, que la víctima y el victimario se corresponden. Frases tales como "tomo a los victimarios en mi corazón" eran una provocación, justo cuando los alemanes recién habían aprendido a percibir a las víctimas, en los últimos 30 años después del milagro económico y el movimiento del '68.

En el ínterin Hellinger recorría el mundo: de Israel pasando por China, Japón, Serbia, Corea, Australia hasta América del Sur. Casi no había país en el que no se confrontara con guerra y tortura, resistencia y expulsión. El trabajo con guerrilleros, indios, homicidas, fascistas y antifascistas, combatientes de la resistencia y lacayos de otros poderes lo ha cambiado.

Ahora estaba absolutamente claro: si bien el cambio se inicia en el alma y sólo en el alma, la paz solamente es posible si se eliminan las viejas trincheras y ya no se excluye a los victimarios. Fue entonces que la situación se tornó definitivamente política: se decía que Hellinger ofendía a las víctimas y se burlaba de ellas.

En Alemania este hombre acertó al talón de Aquiles del espíritu de la época. Nuevamente quedaba en evidencia lo "políticamente correcto": la toma de posición en favor de las víctimas contra los victimarios, que a primera vista es tan convincente.

Y también había sucedido lo de Leipzig – una pesadilla para cualquier terapeuta. Se suicida una paciente que hace una constelación con él. No sé cuántos terapeutas lo han vivido, pero naturalmente es un secreto bien guardado. Ahora había alguien en la picota. Un murmullo recorría el ambiente de los terapeutas. El método como tal quedó desacreditado, especialmente en los medios.

Un artículo publicado por *Spiegel*[2] fue la voz de ataque contra Hellinger. ¿Qué formación tiene en realidad este hombre? ¡Y claro, por una vez misionero, por siempre misionero! ¡Necedades esotéricas y aficionados en masa que las imitan! ¡Un católico delirante que predica "ordenamientos" reaccionarios y fuerza una nueva sumisión! Un hombre que en tiempos de crisis sabe cómo manipular un rebaño de dóciles ovejas, personas que necesitan orientación. Además un misógino - ¡y para colmo una muerta!

Más tarde circuló aquel texto en el que Hellinger se refiere a Hitler como a un hombre y para mayor de males se mudó, aunque transitoriamente, a la antigua delegación externa de la Cancillería del Reich en Berchtesgaden, por-

---

[2] Der Spiegel: conocida e influyente revista semanal de Alemania, dedicada al tratamiento de temas políticos, sociales y culturales, de gran tirada y venta en todos los países de habla germana y en el exterior. [N.d.T.]

que los operarios no habían finalizado a tiempo con la refacción de su nueva casa y no pudo hallarse una vivienda en alquiler por tan corto plazo.

Cuando visité a Bert Hellinger para entrevistarlo para este libro, me recibió en el aeropuerto de Salzburgo. Mientras pasábamos por los pueblos conversamos sobre esto y aquello e imprevistamente dijo: "Ahora le mostraré dónde viví" y condujo el automóvil por una calle bordeada de abetos hasta la pequeña Cancillería del Reich, que en el ínterin se había transformado en un común edificio de viviendas. Luego contó la historia del vagón comedor de Hitler: "Primero lo utilizó Montgomery, después Adenauer y finalmente Willy Brandt[3], cuando fue por primera vez a la RDA[4], a Erfurt, mientras la reina Isabel II viajó en él a través de Alemania." No dijo nada más al respecto.

La campaña de prensa contra Bert Hellinger generó una inseguridad tremenda. Instituciones de capacitación para adultos y asociaciones íntegras se distanciaron de Hellinger. Fueron movilizados representantes de sectas y centros terciarios populares de formación para adultos dejaron caer los cursos previstos como si fueran papas calientes. Pacientes que le deben una mejor salud o una nueva alegría de vivir al trabajo de Hellinger o a las constelaciones familiares, personas con mucha simpatía y fascinación por las constelaciones, terapeutas y pedagogos – repentinamente todos ellos estaban irritados. ¿De repente nos

---

[3] Mariscal Bernard Montgomery (comandante inglés en la Segunda Guerra Mundial), Konrad Adenauer y Willy Brandt (ex cancilleres de la República Federal de Alemania). [N.d.T.]

[4] República Democrática Alemana, "Alemania Oriental", entonces aún separada de la República Federal de Alemania y en la órbita comunista. [N.d.T.]

hemos vuelto todos de "color marrón"?[5], se preguntaban todos. ¡Pero si el pensamiento emancipador y la convicción antifascista forman parte de las virtudes esenciales de toda persona decente!

¿Realmente muté para llegar a ser un esotérico atontado; somos delirantes reaccionarios; soñadores apolíticos tradicionalistas; nos hemos adaptado a la paz, la alegría y al amor por el orden; fue un error permitir que nos toquen; hemos eliminado nuestro intelecto; somos como tontas ovejas que no pueden ver a quien las está tentando; nos hemos transformado en seguidores encandilados, acaso "creyentes"?

Cada uno debe contestarse estas preguntas a sí mismo. Muchos están shockeados, atónitos por como también se los desacredita a ellos; otros están atemorizados y preguntan por qué Hellinger no responde nada.

Nuestra pubertad pasó hace ya mucho y estamos entrados en años. Las ideas rebeldes de antaño se han establecido y se solidificaron para constituir una pauta política. Sin embargo, ¿acaso en nuestra alma no sabemos hace mucho que la autonomía es un dogma y que la libertad se escribe con letra chica? Tenemos hijos, responsabilidades, crisis de vida, que –por suerte– nos han ablandado.

- ¿Qué perdemos nosotros, los campeones de la autonomía, si nos confesamos a nosotros mismos que nuestras familias son más importantes de lo que quisiéramos?
- ¿Qué sucede con nosotros si ponemos el foco más del lado contrario de la autonomía, del lado del vínculo, y reconocemos ante nosotros mismos que nuestra vida pende de muchos hilos que no movemos ni controlamos? ¿Eso será "fascistoide"?

---

[5] Con referencia al color del uniforme de las llamadas "SA", el grupo de choque del partido nacionalsocialista. [N.d.T.]

- Llorar por los asesinados en lugar de luchar contra los asesinos en representación de las víctimas, ¿realmente es reaccionario, retrógrado?
- ¿Jamás podremos romper el tabú de ver en Hitler *también* al hombre?
- ¿Y considerar que entre el cielo y la tierra hay más de lo que podemos advertir, será anticuado, oscurantista?

Toda una vida de autorrealización, emancipación, pensamiento esclarecido, constituye el deber ser de hoy en día. El trabajo con las constelaciones trata los puntos ciegos de este concepto. Con frecuencia los vínculos sistémicos determinan nuestra vida profesional y privada mucho más de lo que quisiéramos (y somos conscientes). ¿Este juicio es herético? Tal vez. Es, al menos, hiriente. Y tal como los moralistas y los sumisos a la autoridad nada querían saber de la teoría de los impulsos de Freud, hoy los representantes de la tendencia políticamente correcta despliegan artillería pesada para desacreditar las deducciones emergentes del trabajo con las constelaciones, relegándolas al rincón "marrón".

¿Cómo es esto posible? Hellinger ofende la llana postura antifascista con la tesis de que, en su momento, casi todos los alemanes estaban embarcados en el mismo bote, independientemente de lo que pensaban. De este modo lesiona la visión corriente del alemán "bueno", de acuerdo con la cual los victimarios siempre son los otros.

El historiador Götz Aly de Frankfurt la considera una estrategia defensiva comúnmente empleada hasta hoy. En su libro *El Estado popular de Hitler*[6], sobre la dictadura de favores del nacionalsocialismo, calcula cómo todos los alemanes se beneficiaron con ella, especialmente los trabajadores y el hombre

---

[6] Versión original en alemán titulada: "Hitlers Volksstaat". [N.d.T.]

pequeño. Sus cálculos interfieren la proyección de la culpa sobre "la burguesía" o los "ideólogos del racismo", "el imperialismo" o los paladines de Hitler. Los alemanes vivían –destruídas sus casas por las bombas- en viviendas judías, dormían en camas que habían pertenecido a judíos y se sentaban en sofás de judíos. Comieron pan hecho con trigo de Polonia, mientras hubo polacos que morían de inanición. Abrían paquetes con sal y huevos, pollos y miel de Ucrania y se alegraban por café, ropa interior y chocolate de Bélgica o de Francia. Toda una existencia plena de abundancia, comprada o robada a otros pueblos por la ocupación alemana. Götz Aly saca cuentas y sostiene que el consumo global de Alemania (prácticamente ningún alemán sufrió hambre en el país durante la guerra), todo lo que se servía en las mesas alemanas, estaba condimentado con homicidio. Las pequeñas mejoras, las grandes reformas, los beneficios sociales: todo se financió con el botín, el hambre y la muerte de otros.

Esto significa aún algo más: muchos de nosotros debemos la existencia al hecho de que no debieron morir ni perecer nuestras madres, sino otras mujeres y otros hombres y niños. Llorar junto a las víctimas, en lugar de luchar contra "los" victimarios (¿acaso cuáles?) – ¿qué puede haber de falso en esta humilde tristeza?

Resta una última pregunta: ¿Por qué es tan peligroso ver al nacionalsocialismo *también* como un movimiento que es controlado por poderes que nos son desconocidos? ¿Por qué es tan imposible decir que también Hitler fue "puesto al servicio", que lo malo, lo horroroso, lo brutal, es asimismo parte de una realidad deseada? Claro está que sería una exigencia exagerada: "Todo se desarma, ya no hay sostén", dice una amiga. Quizás sea eso lo que les quita seguridad a unos y transforma en perseguidores a otros: el concepto del mundo en su función de corsé desaparece. Pensar en el esclarecimiento de las causas de la guerra y del fascismo manteniendo a la vez una postura que sabe que no podemos controlar, determinar, evitar, modificar todo – eso es una provocación que nos plantea Bert Hellinger.

A partir de sus 20 años el propio Hellinger siguió una senda de contemplación y de purificación interior. Él no es devoto de ninguna ideología; cualquiera que estudia su trabajo así puede apreciarlo. Tal vez su camino haya sido el de no confundirse en un mundo compuesto del bien *y* del mal y en nuestros tiempos a muchos ese camino no les resulta simpático - ¿pero por qué desacreditar tanto a este hombre?

Hellinger nos exige el esfuerzo intelectual y psíquico de ver el delito y a los hombres, al abusado y al abusador como hombres, y pese a ello dejar que asuman la responsabilidad por sus actos. ¿Acaso esto no es esclarecimiento; o la despedida del mágico pensamiento progresista? O sencillamente un poco de humildad – de todos modos, una relativización de la fantasía de omnipotencia. Tan sólo debemos investigar y luchar y saber lo suficiente (por supuesto que tomando el partido "correcto"), emanciparnos y protestar, para que en el mundo todo resulte bien.

Naturalmente Hellinger es pasible de críticas justificadas. Él es huraño y obstinado, impredecible, implacable, provocador. En absoluto acepta enseñanzas de nadie. Muy bien. *Él* es el maestro y sus discípulos ya son adultos y siguen sus propios caminos.

Sin embargo, aún para quien con el tiempo se distanció interna o externamente de este hombre anciano, hay algo que está claro para casi todos: con su penetración en las profundidades de las dinámicas sistémicas ha dado algo nuevo al mundo. Estos conocimientos hoy ya pertenecen al estándar terapéutico de todo buen asesor de gestión empresarial. Con el posicionamiento de sistemas en el espacio descubrió un instrumento de diagnóstico que también resiste el análisis de la investigación científica. Hasta entonces esto no había existido así. Lo que en el siglo pasado era la "represión", es en este siglo el "enredo". Gracias a Bert Hellinger sabemos más acerca de lo que sucede en los sistemas, acerca de la conciencia y la culpa, el vínculo y el desprendimiento, el alma y el ser. El fundamento empírico para ello es mucho más amplio de lo que el de Freud jamás pudo ser, porque también ensanchó el espacio terapéutico. Y el fundamento crece a diario: a través de cientos de buenos terapeutas, consejeros y pedagogos que con la mayor naturalidad trabajan con las constelaciones.

En sorprendente contraste con los ásperos vientos en Alemania, en el exterior Hellinger recibe doctorados y honores. Este alemán que hace grandes las almas sin importar a quien tiene delante es valorado y apreciado.

Siempre continuará polarizando. Rechaza el discurso neutral y cuando se le pregunta si algunas de sus tesis generarían menos reacciones e irritación, él responde a su vez con su pregunta: "¿Qué tiene más fuerza?".

Este libro formula muchas peguntas críticas que hace tiempo están en el aire. Bert Hellinger las contesta —como siempre— a su modo. El libro trata situaciones de su vida e informa sobre importantes convicciones. Así se generó el retrato de un hombre que no busca un efecto en la política, sino en el alma.

Gabriele ten Hövel

"Para mí siempre se trataba del crecimiento interior"

Hitos en la vida

Este año usted cumple 80 años. Cuando Hitler llegó al poder usted tenía siete. ¿Usted se acuerda?

Por supuesto. Una tarde mi padre volvía del trabajo y le dijo a mi madre: "Hitler es canciller del Reich". Él estaba muy preocupado y presentía lo que ello significaría. Al poco tiempo lo sufrimos en carne propia. Vivíamos en Colonia y un domingo queríamos ir de excursión a los alrededores. Asistimos a la misa temprana y cuando salimos de la iglesia esperamos el tranvía. En ese momento un hombre de las SA[7] se le acercó a mi padre e hizo una observación. Mi padre le respondió y el hombre de las SA lo trató a los gritos y quiso llevarlo preso. En ese momento se detuvo el tranvía y mis padres y nosotros –tres niños– subimos rápidamente. El conductor de inmediato cerró la puerta y arrancó. Pero el hombre de las SA montó su bicicleta y persiguió al tranvía vociferando. El conductor del tranvía no se detuvo en las siguientes paradas hasta que el hombre de las SA se hubiera perdido de vista. Los pasajeros irrumpieron en aplausos. En aquel tiempo en Colonia ello aún era posible. Más tarde ya no.

Ya a los diez años usted dejó su casa y asistió a un internado. ¿Por qué?

Una conocida de mi madre había oído hablar de ese internado. Ella sabía que yo quería ser sacerdote. Desde los cinco años que para mí era una decisión tomada. Entonces ella le dijo a mi madre que sería una buena posibilidad. El internado estaba dirigido por los misioneros de Mariannhill y se localizaba en Lohr, a orillas del Rin. Vivíamos en el internado y asistíamos a la escuela municipal.

---

[7] SA: "Sturmabteilung": grupo uniformado de choque y asalto del partido nacionalsocialista, temido por su brutalidad. [N.d.T.]

Para mí fue un gran regalo que mis padres me hicieran posible el internado. Fue un importante punto de inflexión en mi vida. Acababa de cumplir diez años y de repente accedí a un mundo nuevo. Pero ello me permitió disponer de más posibilidades y libertades, lo que en casa no hubiese sido posible.

¿Ambos padres estaban irrestrictamente a favor?

Mi madre estaba totalmente a favor, mientras mi padre demostraba algo más de reserva, por decirlo así. Pero también él lo aprobó y se hizo cargo de los costos.

En el año 1936 usted ingresó en ese internado católico. ¿Qué postura asumieron los religiosos frente al nacionalsocialismo? ¿Usted allí pudo percibir algo de su postura?

Cuento un pequeño episodio. Después de anexada Austria a Alemania, se convocó a elecciones generales. Evidentemente algunos de los padres del internado y algunas de las hermanas que allí se ocupaban de la cocina, habían votado por No. Pero no eran elecciones secretas, las boletas fueron revisadas. A la noche, después de las elecciones, hubo un gran desfile de las SA con antorchas. Un grupo de hombres de las SA se reunió delante de nuestro internado y pintó con grandes letras en el frente del edificio: "Aquí viven traidores" y "Nosotros votamos por No". Después rompieron unos 200 vidrios de ventanas y también en el dormitorio donde estábamos durmiendo cayeron los adoquines. A la mañana siguiente dos sacerdotes fueron tomados en custodia preventiva y nosotros fuimos de vacaciones.

Usted prácticamente dejó su hogar a los diez años. ¿En el internado tenía usted modelos según los que se orientaba?

Los padres que dirigían el internado eran realmente buenos.

Nos brindaban todo: deporte, excursiones, clases de música, representaciones de teatro. Yo estudié violín, tocaba en la orquesta del internado y cantaba en el coro. También teníamos una gran biblioteca.

¿No sentía nostalgia? Finalmente usted estaba bastante lejos de su casa.

No. Volvía a casa en las vacaciones. El tiempo en el internado fue para mí una linda época. Me sentía estimulado en todo sentido. Los sacerdotes nos apreciaban y nos estimulaban. Estábamos ocupados constantemente. Jamás nos aburríamos.

Cuando pienso en la importancia que usted da a la familia en su trabajo terapéutico, y cuán poco usted pudo gozar de su familia, ¿no hay algo de tristeza?

En el internado me sentía como en casa. Pero en 1941 este internado fue clausurado y volví a casa, y viví durante dos años en Kassel con mis padres. Entonces yo tenía 15 años.

Es decir, en plena pubertad. Yo recuerdo que una vez había estado fuera de casa por un tiempo prolongado y cuando volví, mi padre me dio la última cachetada, porque ya no aceptaba que me dijeran nada. ¿Cómo fue eso en su caso?

Usted sabe, ya estábamos en guerra. En realidad no teníamos tiempo para este tipo de cosas. Mi padre siempre me estimuló y me apoyó cuando yo quería algo, conciertos o teatro. En ese aspecto no había restricciones. Él trabajaba de diez a doce horas como ingeniero en una empresa de armamento y recién volvía a casa tarde a la noche.

Y teníamos vecinos interesantes. Al lado vivía la familia Würmeling. Más tarde, con Adenauer, el padre fue Ministro de Familia.

Yo lo recuerdo muy bien. En casa éramos seis niños y al descuento sobre los pasajes ferroviarios para familias numerosas se le decía "Würmeling" por él.

Su hijo mayor era mi amigo. Muchos Jesuitas frecuentaban esa casa. A mis 15 o 16 años me impresionaba mucho cómo se hablaba y discutía allí. Era un gusto escucharlos. Estaban abiertos al mundo y eran amplios. Totalmente diferentes a los nacionalsocialistas.

Aquellos con quienes tuve contacto allí eran altamente cultivados y muy espirituales y disciplinados. Lo que emanaba de ellos sencillamente me hacía mucho bien.

"Jamás quise ser maestro"

¿Una forma de disciplina espiritual e intelectual en la que nada tenía que ver la obediencia?

Los Jesuitas no son obedientes en ese sentido. Es que cada uno es autónomo. Exhibían una forma de libertad espiritual y posibilidades de desarrollo que yo no podría haber encontrado en ningún otro lado.

Les tenía el mayor de los respetos a esos Jesuitas. Incluso pensé en ser Jesuita yo mismo. Pero hubo algo que me condicionó: muchos Jesuitas tienen que ser maestros y yo jamás quise ser maestro. Dar clases a alumnos en una escuela durante 20 años ... pensé que para eso no era necesario que fuese sacerdote e ingresara en una orden. Preferí entonces la Orden de Mariannhill. Más tarde igualmente fui maestro en Sudáfrica. Así son las cosas: lo que se busca evitar, finalmente a uno lo alcanza.

¿Pues era mejor ser misionero que maestro; no pasar a la escuela sino salir al ancho mundo?

Sí, algo así. Naturalmente no tenía noción de lo que significaba ser misionero en un país extraño. Tenía una imagen idealizada unida a un cierto aventurerismo. Ya desde el internado me movía en ese campo. Desde entonces formaba parte de ello.

Después del internado asistí a la escuela secundaria en Kassel y me sumé a un pequeño grupo del movimiento juvenil católico. Estaba prohibido y con toda evidencia la Gestapo[8] nos vigilaba.

Hacia fines del séptimo año del ciclo secundario todos fuimos incorporados a las filas, primero al servicio de trabajo y después a las fuerzas armadas.

Muy al comienzo del servicio de trabajo, a la noche uno de los jefes del servicio entró por la puerta, se dirigió directamente hacia mí e inició una conversación. Era de la Gestapo, pero entonces aún yo no lo sabía. Habló conmigo sobre Nietzsche y Hegel[9]. A mis 17 años naturalmente sabía poco de ellos, pero algo sabía. Él dijo: "Hegel previó el Estado actual". Yo le respondí: "Hegel odiaba al Estado" y él me disparó: "*Usted* odia al Estado". Repentinamente me quedó claro que se trataba de un interrogatorio.

Al cabo de un año yo estaba destinado en el ejército, estacionado en Francia y a nuestra clase se le envió el certificado del bachillerato. Se nos eximió del último año porque todos estábamos prestando servicios en las fuerzas armadas. Pero se exigió un certificado de buena conducta del servicio de trabajo. En mi certificado de conducta decía que yo era una

---

[8] Acrónimo de "GEheime STAatsPOlizei": Policía Secreta del Estado. [N.d.T.]

[9] Friedrich Wilhelm Nietzsche (1844-1900) y Georg Wilhelm Friedrich Hegel (1770-1831), filósofos alemanes cuyos conceptos fueron utilizados por el nacionalsocialismo para su justificación doctrinaria y política. [N.d.T.]

"potencial plaga para el pueblo", lo que en aquella época significaba en la práctica: está para recibir el balazo. En consecuencia se me denegó el certificado de bachiller.

Cuando mi madre se enteró, fue a ver al rector de la escuela y le pidió explicaciones: mi hijo está ahora en las fuerzas armadas. Está arriesgando su vida y ustedes le niegan el certificado de bachiller. El rector sintió vergüenza y le entregó el certificado. Mi madre había luchado como una leona por mí.

Ya entonces pude mantenerme fuera del nacionalsocialismo. Yo estaba en un internado cristiano y también mi familia se movía en un campo que le permitía mantenerse al margen. Mi madre no era seducible en absoluto. Recién después pude ver el logro que fue haberse podido mantener fuera de todo. Lo supo hacer a partir de su fe. También mi padre había resistido hasta el final todas las presiones y no se afilió al partido. En este sentido yo estaba fortalecido gracias a mis padres. Le doy un altísimo valor. No fue un mérito propio, sino que había recibido esa fuerza de mi madre y mi padre. Esta postura de mantenerse ajeno al entusiasmo general y a la presión que el mismo implica, ha continuado más tarde en muchos aspectos. Por ejemplo también en Sudáfrica. También se muestra en mi vida actual. Yo mantengo mi distancia y respeto mi libertad. Por eso puedo moverme en un espacio amplio.

Usted dice que hay un campo del cual uno no puede escaparse. Ahora dice respecto de usted mismo que existe una libertad individual, suponiendo la capacidad de mantenerse al margen y de no dejarse seducir.

Yo solamente lo describo. Si puedo adjudicárselo a una libertad, es otra cuestión. Yo vivo como un regalo el hecho que en mi vida frecuentemente supe cuando algo estaba definitivamente terminado. Se trataba de un conocimiento y después tenía las fuerzas para actuar. Pero no a partir de una decisión, porque lo hubiera pensado y perseguido un objetivo. Yo actúo con un movimiento interior. En estas decisiones fundamentales no existe la libertad de elección. Yo no podía actuar distinto, de lo contrario yo mismo me hubiera dado por vencido.

Entonces existen caminos divisorios. Divisiones – así como usted se divorció de su orden y se hizo terapeuta.

Por supuesto. Uno sigue su destino, aunque ello requiera valor.

Por un lado usted sostiene que nosotros estamos todos al servicio de algo. Ahora dice: puedo decidirme por el destino o por permanecer estático. Esto suena contradictorio.

Es una contradicción. Bien. A mí me importa algo esencial en el alma, el punto en el que nos sentimos esenciales, nuestro núcleo esencial. Es allí donde nos está marcado: por donde continúa para nosotros y por donde no. Cuando actúo con ese movimiento, entonces no puedo desviarme. En él gano fuerzas y permanezco unido a ese núcleo más profundo.

Esto es una contemplación filosófica que no puede probarse.

No importa. Tiene determinados efectos en el alma – es lo único que me importa. Yo sospecho que ese núcleo esencial es inmortal. Mi núcleo esencial no concluye con la muerte. Y mi desviación respecto de ese núcleo tampoco concluye con la muerte. Esta sospecha se basa en algunas experiencias de las constelaciones familiares. Por ejemplo, cómo los muertos se proyectan al presente porque hay algo que no han llevado a cabo, porque aún no han encontrado su esencia.

¿Cómo siente usted la "destinación"?

Cuando estoy en sintonía, entonces nada puede resultar mal para mí. En ese punto nos invade un movimiento creador que nos sostiene. Yo no soy libre, pero pese a ello no quiero nada diferente, porque en lo más profundo se corresponde conmigo. Este es el camino en el que se logran los juicios decisivos.

¿No se trata más bien de una dimensión mística? Jung dice: "Deberás ser quien eres"?

Va en esa dirección. En todas las épocas se habló de esa verdad interior. Por ejemplo los niños pequeños están vinculados a ella desde el comienzo. Recién se apartan más tarde.

¿Entonces puede estarse unido a su núcleo esencial aunque se esté inmerso en un enredo sistémico?

Hasta un cierto grado los enredos se resuelven a través del conocimiento. El individuo no se extrapola del sistema una vez que haya resuelto el enredo.

¿Sino?

Al cabo de un tiempo se incorpora con amor y en su propio corazón a aquella persona con la que se estuvo enmarañado. Estoy entonces vinculado a ella y no separado de ella, pero ya no enredado. A través de esta vinculación yo crezco.

Cuando usted habla de su juventud, ¿suele hablar más de su madre y menos de su padre?

En los últimos tiempos estoy viendo cada vez con más claridad que lo decisivo para nosotros comienza con la madre. Claro está que en aquellos momentos aún no había comprendido lo que mi madre realmente había significado para mí. Eso recién lo logré muchos años después en una terapia. Fue cuando me quedó claro que mi madre siempre estuvo presente. Recién entonces fui consciente de lo que ello significaba.

Ella cocinó, lavó y cosió – sin quejarse y con la mayor naturalidad. Y además luchó por mí.

Mi padre era muy severo, lo cual de niño a veces me resultaba un peso. Recién más tarde pude comprender lo importante que era para mí, precisamente por su severidad. Tuve una vivencia agradable. Le conté a un famoso terapeuta, Stanley Keleman de Berkeley, que en *ese* aspecto había tenido una juventud difícil. Él me miró y solamente rió. Me dijo: "Pero si tú eres fuerte." Súbitamente percibí la fuerza que provenía de mi padre y lo importante que era para mí merced a su severidad. Estoy profundamente vinculado a él.

¿Y ello no siempre fue así?

No. Eso fue un desarrollo, como en todos los niños.

"En realidad no tuve juventud"

La guerra

Es decir que a los 17 años lo catalogaron de "potencial plaga para el pueblo" y lo incorporaron al ejército. ¿Cómo fue para usted? Era una fuerte restricción de su libertad. Pensando en la juventud actual, que cuando se reciben de bachilleres plantean su vida con viajes al exterior, prácticas, carreras universitarias o un año de asistencia social en América del Sur.

Yo no tuve tiempo para pensar mucho en mi "autorrealización", como lo suelen llamar hoy. En realidad no tuve juventud. En esos tiempos eso no existía. Yo no viví esa etapa. Cuando con 20 años volví de la guerra, aproximadamente la mitad de mis compañeros estaban muertos. También mi hermano cayó en la guerra. Las ciudades estaban en ruinas. Hoy ya no es posible imaginarse lo que eso implica. Era una sensación de vida totalmente distinta, pero también de ella emana una fuerza especial. En aquellos tiempos yo estaba puesto al servicio de no sé qué fuerzas. Fui utilizado para algo. En todos los sistemas existe una determinada presión que busca terminar con algo inconcluso. Por ejemplo, el sistema ejerce presión sobre un descendiente a efectos de que tal vez resuelva algo por sus antepasados. El sistema empuja a unos hacia una dirección positiva, tal como solemos llamarlo, o también hacia una dirección negativa, sin que el individuo pueda decidir.

¿Qué es aquí "positivo" y qué es "negativo"?

Positivo es cuando alguien puede hacer algo positivo para otros; en fin, la vida cotidiana. Alguien se casa, tiene hijos, promueve a los hijos y éstos se independizan – sí que es algo grande. Está en consonancia con un movimiento bueno, positivo.

Otro tal vez se torna un asesino en *su* situación, ineludiblemente y sin libre decisión. También él está puesto al servicio de algo superior.

Usted dice "positivo" y "negativo", lo que suena como un juicio valorativo. En este contexto es comprensible, dado que usted habla de un asesino.

Solamente lo digo porque con frecuencia lo hacemos así. Para mí es el mismo proceso. Ninguno de los dos es libre. No son libres en el bien ni en el mal. En ese sentido no tengo preferencia por ninguno de ellos. Es sencillamente tal como es. Se trata del destino que cada individuo enfrenta. Es el sistema propio que fuerza a una persona. Pero además existen poderosos movimientos que se apoderan de las personas y las arrastran consigo o que copan a todo un pueblo – como el nacionalsocialismo o el comunismo.

¿En aquellos tiempos usted lo vivió así?

En esa guerra todos estaban fuera de sí. Yo estaba integrado a algo de lo que no pude evadirme. Mi vida corría constante peligro. A veces hoy todavía me sorprendo de cómo salí de esa situación.

"There is a fucking German somewhere"
("Hay un maldito alemán por aquí")

La fuga

¿Cómo lo logró usted?

Estaba incorporado en las fuerzas armadas, destinado a acciones de combate en el frente occidental. Muchos camaradas a mi lado caían o sufrían graves heridas. Muchas veces yo mismo apenas escapé de la muerte. Por ejemplo, cuando atravesábamos terreno minado porque no había otra salida. Entonces, en las proximidades de Aquisgrán fui hecho prisionero de guerra por los americanos y me internaron en un campo en Charleroi, en Bélgica. Éramos 1.600 prisioneros y todos los días trabajábamos diez horas en un enorme depósito de suministros del ejército americano. Pero por orden de Eisenhower[10], como castigo recibíamos solamente la mitad de las calorías que el cuerpo necesitaba para este duro trabajo.

Cargábamos y descargábamos suministros de un millón de toneladas de víveres para el ejército americano. Como no nos daban suficiente alimento, robábamos lo más imprescindible. Quien era descubierto, sufría un severo castigo: 30 días de encierro. Ahí uno estaba aprisionado a la noche con otros 50

---

[10] Dwight David Eisenhower (1890-1968), general en jefe de las tropas aliadas que invadieron la Europa ocupada por Alemania, después jefe de la OTAN y presidente de los EE.UU. (1953-1961). [N.d.T.]

hombres en un pequeño recinto sin poder sentarse ni acostarse. De día había que trabajar doce horas y como toda comida le daban a uno cinco galletitas a la mañana, cuatro al mediodía y cinco a la noche. Nada más. Cuando fui sorprendido por primera vez, por razones inexplicables me liberaron del encierro al cabo de cinco días. No sabía por qué. Nadie llegó a soportar 30 días de encierro. La mayoría se quebraba al cabo de diez o catorce días. Éstas sí que eran medidas draconianas.

Cinco camaradas una vez se arriesgaron a fugarse. Intentaron trepar por la cerca. Fueron sorprendidos, simplemente puestos contra un paredón y fusilados.

Más tarde nuevamente fui atrapado robando víveres. Esta vez me encerraron en una barraca sin ventanas, y de comer solamente me dieron pan y agua. Era invierno y no teníamos mantas.

Cuando uno era sorprendido en esos tiempos, tenía que cavar un pozo y también sufría golpizas. Después lo encerraban en la barraca y le rapaban la cabeza. También yo tuve que cavar mi pozo y un soldado americano permanentemente rondaba a mi alrededor. Sin embargo no me golpearon. Me enviaron a la barraca y al cabo de siete días me dejaron salir sin interrogatorio alguno. Tampoco me raparon. Eso era muy extraño.

¿Cómo se lo pudo explicar usted?

Entonces yo no tenía explicación alguna. Un amigo mío, que permaneció por mucho tiempo más en el campo, luego de que yo me hubiera fugado, me contó después qué había pasado. El "americano" que era mi guardia, era un judío alemán. Naturalmente sabía alemán, pero jamás lo había demostrado. Muchos prisioneros se habían burlado de ese soldado diciendo, por ejemplo: "Pero si este es un marica" o comentarios similares. Yo les decía que no debían decir eso ... todos pensábamos que no entendía ni una palabra. Sin embargo entendió todo y por eso después me protegió.

Cuando salí del arresto y no tenía "calva", pensé: es una señal. Para mí el campo de prisioneros quedó atrás. Al cabo de cinco días de haber dejado el arresto ya no estaba más allí.

¿Usted también intentó trepar la cerca o cómo logró fugarse?

Me sumé a un tren de aprovisionamiento que iría a Alemania. En un vagón mis camaradas armaron un escondite debajo de unos cajones, para que no me pudieran descubrir tan fácilmente. Los vagones estaban repletos y naturalmente no se procedió a la descarga del tren completo solamente porque había desaparecido un prisionero y se sospechaba que estuviera escondido en el tren. El tren quedó detenido todo un día en ese depósito de suministros. Por la noche los guardias americanos recorrían el tren y yo les oía decir: "There is a fucking German somewhere in the train" ("Hay un maldito alemán por aquí en el tren"). Pero no dieron conmigo. El tren tardó seis días desde Charleroi hasta Alemania. Cerca de Würzburgo abandoné el escondite y salté del tren, dejando atrás la guerra y el cautiverio. Estuve un año en cautiverio.

Así como fue entonces, muchas veces en mi vida sigo una guía interior y tomo una decisión, porque sé: ahora este paso es el adecuado.

¿Cómo lo sabe usted?

A través de una absoluta seguridad interna. Yo sé: esta etapa de vida ya pasó y no dudo ni un momento.

"Esta decisión no fue libre"

La Orden

Entonces usted era un hombre muy joven de 19 años. ¿Al elegir su profesión también sintió esa seguridad?

Desde muy temprano tenía la decisión tomada, tendría unos cinco o seis años. Yo quería ser sacerdote. A las seis semanas de haber vuelto de la guerra ingresé en la Orden.

¿No hubo nadie que dijera: y tú serás sacerdote?

No. Claro está que yo me movía en un ambiente religioso. Retrospectivamente sé que esa decisión tuvo también que ver con mi trama familiar. Por ese motivo la decisión no fue libre. Estaba impuesta por mi sistema.

Yo presumo que muchas personas retrospectivamente ven que su vida, tal como la vivieron, también fue guiada. Usted lo está diciendo ahora, a los 80 años, ¿pero lo advirtió en cada situación?

No, eso no se advierte. En un sistema familiar la percepción es limitada. Está determinada por el entorno. Pero cuando miro hacia atrás, no lo lamento. Estos caminos tienen su significado y no quiero desechar nada. Estas experiencias han hecho de mí lo que soy.

Entonces usted ingresó en la Orden. ¿Cómo fue? Muy pocos tienen una idea de cómo se es aprendiz de sacerdote.

Ingresé en la Orden y durante un año estuve en el así llamado "noviciado". Este primer año es una introducción a la vida espiritual e intelectual. No se hace otra cosa que no sea meditación, oración conjunta, lecturas espirituales y asistencia a conferencias. En aquellos tiempos me dediqué mucho a la mística occidental.

¿Se medita tal como nosotros hoy nos imaginamos la meditación o es diferente?

En la meditación cristiana nos ocupamos de citas bíblicas, sin mantras y sin oraciones. O acaso de parábolas, una historia o la pasión. Para mí esto resultó ser una introducción a la historia y a los ejercicios de la espiritualidad.

Se trata aquí de una purificación interior. Uno se ejercita permaneciendo totalmente concentrado en un objeto. Fue una dura escuela.

Al cabo de un tiempo uno se va alejando de los tantos ejercicios. Por ejemplo, ya no se pronuncian oraciones. Simplemente uno mira silenciosa y atentamente al vacío, lo cual implica concentración. En cierto sentido es comparable con la postura básica para la percepción fenomenológica.

¿Cómo se desenvolvía su día?

A la mañana se realizaba una media hora de meditación conjunta; luego la misa, varias veces diarias la oración coral y entre medio cada uno meditaba para sí. Tuve todo un año de tiempo y nada más que hacer. Era como unos largos ejercicios espirituales – una introducción a la espiritualidad. Al cabo de ese año me decidí por la Orden y presté los así llamados votos temporarios. Son los votos de pobreza, castidad y obediencia que luego de tres años se prestan de por vida.

¿Se modifica el modo de meditar?

Claro que sí, se va avanzando.

¿Cómo se manifiestan los avances?

En la concentración. Como monje uno hace esto toda una

vida. Al mismo tiempo es la preparación para un conocimiento más profundo. Un conocimiento profundo requiere de concentración. El proceder fenomenológico, el mirar, parte de la concentración. Ello significa permanecer exactamente en una cosa, hasta que algo oculto se manifiesta como ante el ojo interior, mostrando su esencia.

Usted emplea esa palabra frecuentemente en las constelaciones, cuando dice por ejemplo: "Constela totalmente concentrado". ¿Cómo se "concentra" una persona?

Obtenemos tal concentración a través de una purificación. En principio ello rige también para la meditación budista; es que allí no hay diferencias. La concentración se produce más allá de la intención. En ese sentido es un obsequio que recibimos. La purificación se inicia en la noche de los sentidos. Uno va retirando su atención de las impresiones sensoriales, de modo que los sentidos de la vista, la audición y el olfato ya no nos distraen más. Luego sigue la purificación del espíritu.

Cerramos los ojos y así excluimos el sentido de la vista. Estamos en silencio para no oír. ¿Qué significa la purificación del espíritu?

En realidad la purificación del espíritu quiere decir que renuncio al conocimiento, renuncio a la curiosidad y también renuncio a toda ambición. Esta purificación nos posibilita a exponernos a una situación sin influjos externos, es decir sin los influjos de los sentidos y sin la influencia del espíritu.

¿Qué significa sin la influencia del espíritu?

Sin la influencia del miedo o de teorías o ideologías o de la fe – eso significa la purificación total del espíritu. Hasta un cierto grado puede ejercitarse esta purificación del espíritu. Pero luego las circunstancias de la vida hacen que se abra la oscuridad de la noche, la oscuridad del abandono de Dios, donde ni siquiera Dios juega un papel; donde caemos en la oscuridad absoluta, sea lo que fuese lo que nos suceda en la vida. La noche oscura es la purificación decisiva.

Estas son las ejercitaciones de la vida, que no podemos planificar ni querer ni ensayar previamente. ¿Los ataques a los que usted se ha visto expuesto aquí en Alemania, serían algo así?

A veces lo veo de este modo. En la noche oscura lo provisorio se quiebra.

Me gustaría comprenderlo. La noche oscura nada tiene que ver con el abandono de Dios en el sentido de estar desamparado.

Sí, efectivamente, y asimismo desamparado. Ya no se puede confiar en nada, ya no se tiene la habitual esperanza. También se purifican las imágenes divinas y la esperanza en Dios, de modo que se accede a otro camino, a un plano totalmente distinto. A lo largo de ese camino de la gran purificación de los sentidos, del espíritu y también de la voluntad, finalmente llegamos al conocimiento profundo.

Lo que aquí estoy describiendo, naturalmente no es tan sólo una práctica cristiana. Es patrimonio humano en general. En todas las religiones existen personas que se deciden por este camino y que son guiados hacia él.

En el budismo se habla mucho de "tornarse vacío". ¿Cómo armoniza esto con lo que usted denomina "concentración"?

La concentración y el vacío se corresponden. Lo que he descrito es en realidad un tornarse vacío. Algo se torna vacío. ¿Pero cómo se llega a ello? Arribamos al vacío a través del consentimiento a todo tal como está. El consentimiento es un movimiento del amor.

Nuestro primer libro se tituló "Reconocer lo que es". Ahora usted dice "Consentir tal como está todo". ¿Cuál es la diferencia?

Este consentimiento renuncia a la distinción entre mejor o peor. No hay pesar, sin pesar por alguna culpa, por ejemplo. No hay exigencia, no hay esperanza, no hay reproche. Es el consentimiento al mundo, tal como este es. Recién así aparecen en conjunción la concentración, el vacío y la plenitud. Al tornarme vacío desaparece algo que me impide consentir. Y viceversa, a través del consentimiento me torno vacío. En esta postura del consentimiento total y de la renuncia a todo desear y querer propios, me expongo plenamente a la realidad.

Y entonces la realidad comienza a hablar por sí. Si pretendo algo propio de ella, se retrae de mí. Cuando ya no me elevo por encima de ella, entonces me revela algo esencial. La expresión griega para lo verdadero es lo "no oculto". La verdad está, pues, en el exterior, fuera, no en mí, acaso en mis conclusiones finales. Ella viene a mi encuentro, aunque sólo se muestra parcialmente, jamás por completo.

Lo que usted explica ahora ya es un proceder fenomenológico. Parece muy filosófico, no precisamente tangible y orientado a la acción.

Lo que se muestra en este camino del conocimiento siempre se muestra con miras a una posible acción. Merced al conocimiento obtenido en ese camino se hace posible la nueva acción. Sin aplicación el conocimiento permanece vacío, vuelve a cerrarse.

Referido a las constelaciones familiares, ¿qué significa en ese contexto?

Las constelaciones familiares son el conocimiento aplicado. A través de las constelaciones familiares como método salieron a la luz muchos conocimientos decisivos. Por ejemplo, lo que muchas veces se me reprocha: que debo dar un lugar en la familia a los victimarios, en lugar de maldecirlos, es un conocimiento que emergió a partir de las constelaciones familiares. Si yo consiento todo tal como es, sin juicio alguno, entonces mi postura respecto de los victimarios es tan sólo una consecuencia de ese camino del conocimiento.

Usted tenía justo 20 años, volvía de la guerra y transitó por esa senda. Es difícil imaginárselo hoy en día. ¿Siempre le agradó eso? Ejercicio, contemplación, silencio. Es realmente muy especial.

En efecto. Me mantuvo en ese marco durante toda mi vida, también cuando estudié filosofía y teología. En la colectividad monástica meditaba todas las mañanas y oraba junto a los demás. Recién entonces iba a la universidad para asistir a las clases.

Su relato contradice en algo aquella imagen que muchos tienen de inmediato cuando se menciona alguna Orden. Se cree que los frailes cavilan, estudian y rezan cómo convertir a las personas. Se los instruye para cuidar de las ovejas y rejuntarlas – por así expresarlo groseramente.

Las personas tienen ideas deformadas e imágenes extrañas a ese respecto, siendo que las Órdenes siguen una tradición clerical antigua y probada, que, por cierto, en algunas Órdenes hoy pareciera haberse perdido. Muchos olvidan las raíces de la espiritualidad cristiana, que tiene en común lo esencial con todas las grandes religiones. Para mí esa forma de vida fue muy valiosa y recuerdo aquella época con gratitud.

"No tenía idea alguna"

En África como misionero de Mariannhill

¿Cómo fue en África; conservó usted allí esa forma de vida?

Eso era parte de todo.

Es decir, que usted vivió 25 años así, hasta que a los 45 años abandonó la Orden. Naturalmente es una escuela de vida que nadie podrá imitar tan fácilmente.

Sí, yo también lo veo de ese modo. Exige mucha disciplina.

Cuando usted decidió sumarse a la Orden de Mariannhill y no a los Jesuitas, porque aquéllos le abrían las puertas al ancho mundo, ¿usted lo vinculó con lo que suele atribuirse a los misioneros: yo predico las enseñanzas de Cristo y convierto a los paganos de color?

No tenía idea alguna de lo que verdaderamente me estaba esperando. De todos modos, en la práctica todas las cosas resultan distintas de lo que se previó. Recién a mi arribo a Sudáfrica pude ver lo que realmente significa ser misionero. Allí me dediqué ante todo al trabajo cultural. Los misioneros de Mariannhill provienen de un monasterio trapense. Un obispo sudafricano había invitado a un abate de Austria para que fundara un monasterio en Sudáfrica. Este abate llamado Franz Josef Pfanner era trapense. Mariannhill es el nombre del monasterio que fundó.

Los trapenses solamente oran y trabajan. Constituyen una orden contemplativa muy severa. La tarea pastoral les es ajena. Cada monasterio es autárquico, es decir que él mismo produce todo. En aquellos tiempos practicaban la agricultura y el trabajo artesanal. Tenían su propio generador de electricidad, su propio suministro de agua, sus propios talleres y su propia agricultura.

¿Y cada uno debía dedicarse a alguna tarea?

Los trapenses siguen la regla de San Benito. El principio de los Benedictinos es: "ora et labora", reza y trabaja. Para los trapenses el trabajo es de gran importancia, y se trata de trabajo duro. Así, el monasterio de Mariannhill rápidamente se desarrolló para llegar a ser el más grande monasterio trapense del mundo con alrededor de 300 monjes. La mayoría de ellos eran frailes sin formación teológica. Ante todo eran artesanos, tan sólo algunos eran sacerdotes.

Al cabo de un tiempo habían comenzado a tomar contacto con los aborígenes. Les enseñaron la agricultura y construyeron escuelas. De este modo imprevistamente se inició el trabajo misionero. Muchos aborígenes se hicieron bautizar y se formaron comunidades cristianas. Los trapenses en la misión ya no podían cumplir su regla estricta, por lo que este monasterio trapense fue transformado en una congregación misionera, cuyas reglas fueron adaptadas al trabajo misionero.

Recién allí pude apreciar lo que significa el trabajo misionero: se fundan escuelas y se les enseña a las personas, por ejemplo, cómo se cultiva. Originariamente los grupos zulúes[11] en Sudáfrica habían sido ganaderos y nómades, por lo que el cultivo del suelo mayormente les era ajeno. Es decir, que la obra misionera era en primera instancia una labor cultural y acoplada a ella se anunciaba el mensaje cristiano. Por doquier crecieron entonces las comunidades cristianas.

---

[11] Pueblo aborigen de la familia bantú que habita en la Prov. de Natal de la República Sudafricana. [N.d.T.]

¿Y a ese fin se necesitaban los sacerdotes? ¿Usted fue para eso?

En Sudáfrica primero fui enviado a la universidad por tres años más, a fin de prepararme para cargos docentes en escuelas superiores. Después, por un tiempo, dirigí una escuela y luego pasé a una estación misionera. Una estación misionera equivale a lo que nosotros llamamos una parroquia. Esta estación misionera tenía en un amplio perímetro diez delegaciones externas que debían ser visitadas regularmente. Cada delegación externa disponía también de una escuela.

¿Entonces usted no se desempeñó en tareas rurales, sino como maestro y sacerdote? ¿Qué es bello o satisfactorio en este trabajo?

Yo pude poner en movimiento algunas cosas. Las personas eran agradecidas; podían aprender algo y desarrollarse. La comunión entre los fieles y los sacerdotes era de suma confianza, una relación realmente hermosa. Cuando de tiempo en tiempo volvía a Alemania, notaba mucho las diferencias. Aquí no había casi otros puntos de contacto que no fueran los servicios religiosos. A veces sentí este aspecto como afligente, comparándolo con las experiencias que había vivido en la misión. Fue un trabajo muy gratificante.

Yo recuerdo personas que trabajaban como voluntarios en África para "Pan para el Mundo" o para "Servicios en Ultramar". Hacia fines de los años '70 entrevisté a algunos de ellos para una emisión radiofónica y relataban algo similar. Sus ojos brillaban cuando describían su vida allí y después les resultó difícil insertarse nuevamente en la sobria vida comunal alemana.

En África esto es más viviente. En mi primera estación misionera éramos dos y visitábamos periódicamente nuestras delegaciones externas. En los primeros tiempos íbamos a pie, a veces a caballo. Más adelante me entregaron una motocicleta y entonces fue más sencillo. El terreno es muy poco transitable.

Cuando llegaba a una delegación externa, se congregaban los fieles y juntos celebrábamos misa. Para ellos era un día festivo. Esas visitas duraban todo un día. Al día siguiente me dirigía hacia la próxima delegación externa. Los domingos primero celebrábamos un servicio religioso en la estación principal y después otro en alguna de las delegaciones más cercanas. Yo estaba plenamente ocupado.

Al cabo de un tiempo pasé a ser sacerdote en la parroquia de la catedral. Cuando me inicié allí, luego de un año había visitado a todas las familias. Fui a saludar a cada una de ellas y las conocí personalmente. Fue muy lindo y vivencial. Esa parroquia contaba con más de 10.000 almas.

¿Cómo sintió usted allí a los cristianos? ¿Había diferencias entre cristianos y no cristianos?

Era fácil distinguir a los cristianos de los "paganos", como decíamos entonces. Su rostro era más abierto. Muchos no cristianos eran temerosos y reservados. Tenían aprehensión por la magia y eso tenía algo de opresivo. Los cristianos eran mucho más libres e independientes y con frecuencia llevaban la voz cantante. Cooperaban en la escuela y en la iglesia y ayudaban en la planificación. Eran comunidades llenas de vida.

¿No se producían conflictos con sus rituales tribales o su pertenencia originaria a algún clan?

En las regiones en las que trabajé, la mayoría ya era cristiana y no solamente católica. Es que también había muchos misioneros protestantes y quedaba poco del paganismo originario. Muchos ya se habían desarrollado más por haber asistido a la escuela.

Lo que usted cuenta, siempre es muy ordenado. Ahora usted está próximo a cumplir 80 años y está reconciliado con su vida. A veces es lindo oír algo acerca de las confusiones y las equivocaciones de las personas, porque podemos aprender de ellas. Y por eso me pregunto, ¿cuáles fueron las confusiones en la vida del misionero Bert Hellinger?

Sudáfrica fue algo ordenado. Allí simplemente estaba integrado al trabajo. Más adelante estaba a cargo de todas las escuelas de la diócesis y capacité a los maestros. Hacia fines de mi período en Sudáfrica me designaron director de un colegio de élite para aborígenes en Mariannhill. Era uno de los principales colegios de élite para aborígenes en Sudáfrica. Ello fue para mí nuevamente una experiencia especial. En esos tiempos llegué a conocer la dinámica de grupo. Me ayudó mucho y promovió muchísimo mi desenvolvimiento.

¿Por qué retornó a Alemania, si estaba tan a gusto en Sudáfrica?

En ese momento estaba muy interesado en la teología, y en realidad estaba en el estado más avanzado en materia teológica. De acuerdo con ello también dictaba mis clases de religión. En consecuencia se me reprochó que yo ya no enseñaba en los términos de la Iglesia. Mi obispo permitió que esos reproches influyeran en él. Entonces yo dije: "Si ya no soy digno de confianza, renuncio a todos mis cargos".

Teología moderna, ¿cómo se denominaba eso en aquella época?

Mi especialidad era la ciencia bíblica. A través de la exégesis moderna hay mucho que apareció en una nueva luz. Por ejemplo, todo el relato navideño nada tiene que ver con la verdad histórica. Lo mismo sucede, por ejemplo, con muchas cartas de Pablo. Hay muchas que ni siquiera fueron escritas por él. Hoy en día esto es de público conocimiento.

Desde el punto de vista actual, estas controversias parecen inofensivas y superadas. Fue así que entonces dejé todos mis cargos.

¿Y a pesar de todo lo querían de rector para el seminario de sacerdotes de Mariannhill en Alemania?

Fue una extraña contradicción. En Sudáfrica era casi un hereje y en Alemania debía formar a los futuros sacerdotes. De este modo regresé a Alemania. Durante ese período inicié una capacitación psicoanalítica, por lo pronto en el sentido de "¡allá vamos hacia nuevas orillas!". En general me dediqué al estudio de la psicoterapia. Mi vida avanzó en su desarrollo orgánico. Ello determinó que más adelante abandonara la orden.

¿Para quién fue usted un hereje en Sudáfrica?

Naturalmente sólo para unos pocos. Pero ellos eran influyentes. Al mismo tiempo estaba muy bien visto por los aborígenes; se me tenía en alta estima. Yo tenía tomada una clara posición respecto del apartheid[12] y era visible que no fingía. Actué tal como lo consideraba correcto y no me adapté ni me congracié.

Yo trabajaba como misionero totalmente en otro campo. Aún cuando entonces nada sabía acerca de "campos", pude intuir que no debía invadir otro campo.

Siendo blanco en un campo negro. ¿Cómo funcionaba eso sin caer en actitudes colonialistas o misionarias?

Nos encontramos y nos respetamos. Siendo blanco, jamás quise ser ni hablar como un negro. Eso me lo agradecieron

---

[12] Sistema político-social de segregación de razas que desde 1948 regía en la República Sudafricana hasta que fue progresivamente eliminado, concluyendo en 1994. [N.d.T.]

mucho. A la vez he aprendido mucho de ellos. Yo sentía mucho respeto y quedé impresionado por muchas cosas.

¿Qué lo impresionó tanto?

En primer término el respeto que las personas tienen allí por sus padres. Eso me impresionó mucho. También la seguridad que tienen las madres en el trato con sus hijos es llamativa. No se sabe de dificultades con niños. Sencillamente se sabe qué necesitan los niños. Las madres siempre eran muy dedicadas. Lo que también rescato es el respeto ante los demás. Allí todos pueden conservar su cara, o acaso también, cómo se hablaba en las asambleas de las comunidades, efectivamente intercambiaban ideas con suma atención, hasta tanto lograban una solución. Este modo de trato recíproco también me ha marcado.

Usted es un hombre que durante 55 años de su vida se dedicó a la contemplación, la meditación, a la docencia y la terapia. ¿Qué fue para usted lo más importante en su vida?

Para mí en realidad siempre se trata del crecimiento interior. Mi experiencia en África contribuyó mucho a ese crecimiento.

¿Cómo llevó a la práctica en África su interés por la teología?

A mí siempre me interesó cómo se presenta un mensaje. En este sentido he logrado algo. He preparado muchos elementos auxiliares para la enseñanza de la religión y otros medios para que la liturgia fuese comprensible. Con ayuda de sacerdotes y maestros aborígenes también he compuesto cánticos eclesiásticos en idioma zulú, que se continúan cantando hasta hoy.

¿Entonces estaba usted convencido de que el crecimiento interior solamente era posible a través de la fe cristiana?

Rápidamente advertí que otras personas también eran buenas personas. Que ser bueno no solamente depende de la fe, sino que ante todo emana de la experiencia de vida.

¿Hay momentos de su vida de los cuales usted dice: en eso me equivoqué, aquél no fue el camino correcto?

¿Usted ya se encontró con alguien que no se hubiere equivocado? Mis equivocaciones tienen algo que ver con el espíritu, no con la senda de mi vida. Antes me pregunto: ¿existe finalmente un camino equivocado? En África sentía que transitaba por el camino correcto para mí y jamás me arrepentí. Yo entonces tenía la idea de que siempre permanecería en Sudáfrica y no pretendía en absoluto volver a Alemania. Digamos que me lo impusieron las circunstancias.

¿La despedida le resultó difícil?

Jamás me resultaron difíciles las despedidas. De inmediato me orienté hacia adelante.

Usted llegó a conocer la dinámica de grupo en Sudáfrica en el año 1964. Fue su primer encuentro con el mundo de la terapia. ¿Fue un punto de inflexión en su vida?

De todas maneras fue un aspecto importante en mi desarrollo. Religiosos anglicanos habían organizado esos cursos. Esos grupos estaban compuestos por negros, blancos, hindúes, mestizos, católicos y protestantes y todos aprendían juntos. Esos grupos eran ecuménicos y sin barreras raciales. Entonces eso era inaudito.

¿Por qué?

Se congregaban todas las razas y confesiones – en el país del apartheid, ello fue una experiencia increíble para mí. Aquí se agotaba por completo la idea que clasifica a los hombres según su raza o su religión.

Yo era católico. Aún no conocía a los anglicanos y no tenía relación con ellos. Y de una vez yo voy allí y veo lo devotos que son – realmente devotos. Eso me impresionó mucho. De una vez me percaté de que todos estamos en el mismo bote y que las diferencias externas del color de la piel o de la creencia son totalmente irrelevantes.

Entonces yo estaba viviendo en una sociedad católica herméticamente aislada. Recuerdo exactamente cómo fue, cuando arribé a Sudáfrica y empecé allí a estudiar una segunda carrera. Yo venía de una universidad como la de Würzburgo, donde los teólogos a fines de los años '50 jugaban un rol venerable y eran altamente respetados. Yo estaba acostumbrado a ello. En Sudáfrica por lo pronto era uno entre muchos y se me trataba sin privilegio alguno. Entonces todavía pensaba que solamente se podía ser realmente bueno si se creía. Después vi que había profesores que no creían en absoluto. ¡Y eran tan buena gente! Fue el primer punto de inflexión importante, cuando de primeras me di cuenta: ¿por qué ideas me he dejado engañar?

Cuando conocí la dinámica de grupo ya estaba dirigiendo un gran colegio para negros de toda Sudáfrica.

"People or ideals – what do you sacrifice for what?"
("La gente o los ideales - ¿qué sacrificas por qué?)

La dinámica de grupo

Ya en la primera sesión, la pregunta del instructor fue la vivencia clave para mí: ¿Qué es más importante para ti? "People or ideals? What do you sacrifice for what? Ideals to people or people to ideals?" Es decir: ¿qué es más importante para ti, las personas o los ideales? ¿Qué sacrificas por qué? ¿Las personas por tus ideales o tus ideales por las personas? Ahí me di cuenta de que durante mi labor como misionero frecuentemente había perdido de vista a las personas. Este conocimiento fue incisivo para mí. A partir de entonces eso para mí fue al revés.

De inmediato en el colegio apliqué la dinámica de grupo en la práctica y eso fue mi transición hacia la terapia. Penetré al espacio experimental del alma.

¿Cómo era su trabajo antes? ¿Usted había estado más ligado a los ideales?

Precisamente ésta es la postura de la Iglesia, que se predique la fe y una moral, como si fueran válidas para todos por igual. Se encomienda a cada individuo que se debe conducir en consecuencia, para que pueda salvarse. Merced al encuentro con estos instructores anglicanos, la persona volvió a estar en la mira como lo más importante. Les estoy muy agradecido.

¿Cómo se mostró en su trabajo el hecho de que usted estuviera imbuído de ideales? ¿Hay ejemplos de ello?

Yo le puedo decir qué fue lo que cambió en mí por eso. Cuando regresé a Alemania me hice cargo de un seminario de sacerdotes en Würzburgo, donde los estudiantes eran preparados para el sacerdocio. Esto ya no funcionaba de ese modo para mí. Si enfocamos a la persona, esto así no funciona. Les aconsejé a todos los estudiantes que además de la carrera de teología estudiaran alguna otra carrera para ser libres en su opción profesional. Yo ya no quería "hacer" sacerdotes de los estudiantes, sino que cada uno debía tener además una alternativa para poder decidir con real libertad.

Algo similar es aplicable también para la psicoterapia. Cuando alguien es formado como psicoterapeuta, existe a veces el riesgo de que sea sacrificado por un ideal. Debe conducirse de determinada manera para corresponder al ideal de esa escuela terapéutica. Le está vedado apartarse de ella.

Pero es así en todas las profesiones. También con los juristas, los médicos, los maestros, etc..

Muchas veces es diferente. En el caso de los maestros o los juristas y médicos se trata más bien de cómo se realiza una labor, sin que alguien deba alterar su propia alma. Las escuelas terapéuticas frecuentemente imponen una visión obligatoria, excluyéndose y hasta prohibiéndose nuevas percepciones.
Por eso no pertenezco a ninguna escuela. Alguna vez quise pertenecer a una u otra escuela, pero gracias a Dios jamás lo logré. Estoy, pues, liberado en gran medida de reducir la apreciación al marco de un determinado sector.

También podría decirse que usted fundó lo suyo propio. No como una escuela, pero sí a través de su camino usted contribuyó a que exista una "escuela".

No son mis escuelas, aunque tal vez lleven mi nombre. Yo no he fundado nada propio solamente seguí mis conocimientos. ¡No más! Comuniqué esos conocimientos y mostré su aplicación.

Usted ha difundido conocimientos.

Esto es demasiado para mí. Yo los he comunicado.

¿Cuál es la diferencia para usted?

A la difusión le subyace un afán misionero, mientras la comunicación es solamente el hecho de comunicar. Es una gran diferencia. En este aspecto soy muy preciso.

Cuando usted regresó a Alemania para asumir el rectorado en el seminario de sacerdotes, usted ya no era sólo misionero y sacerdote sino también dinámico de grupo. ¿Qué cambios generó esta circunstancia?

En Alemania he ofrecido cursos de dinámica de grupo. Entonces la dinámica de grupo aún era una novedad en Alemania, pero yo ya tenía mucha experiencia con ella, especialmente en la aplicación práctica. Pronto pertenecí al ambiente de la dinámica de grupo y como instructor era muy requerido. Con ello tenía un nuevo sostén y de repente era independiente de mi Orden y de la Iglesia. De ser necesario podía ganar mi propio dinero, lo que para mí era importante y nuevo.

Aprender terapéuticamente en un grupo como misionero católico y a comienzos de los años '70, eso debe haber sido como una ruptura cultural. Actualmente ya no es llamativo ingresar en un grupo, es parte de esta época. Pero entonces y en Sudáfrica como misionero ... ¿Qué aprendió sobre usted mismo?

Yo era parte de un grupo. Yo dependía de él y simultáneamente ejercía una influencia sobre él. Rectifiqué mis ideas acerca del Yo y del libre albedrío individual. Eso fue un proceso de crecimiento importante.

En la formación para sacerdote, uno accede a un rol privilegiado y selecto; al menos entonces. Es fácil perder el contacto con los demás, porque de algún modo uno siempre está parado adelante. En la dinámica de grupo esto es diferente. Uno está en medio. Repentinamente uno es parte de un campo en el que todos son importantes por igual. Exponerme a ello y llevarlo a cabo en mi actividad cotidiana, fue una increíble ampliación de mi horizonte intelectual y espiritual.

¿Qué aprendió usted allí sobre el trato con las personas?

La dinámica de grupo es un método maravilloso. Sin embargo el éxito depende en gran medida de la postura interior del instructor.

¿En qué medida?

La cuestión es, si él se dedica a las personas con amor, si su desarrollo es importante para él. Para mí fue un hito. Ello aún hoy resulta evidente por cómo conduzco los grupos. He adquirido una capacidad. Una nueva capacidad.

¿Cómo afloró esto en su actividad cotidiana?

Una vez se me acercaron los futuros sacerdotes del seminario y preguntaron –más en broma y para probarme–, qué diría yo si ellos recibían visitas femeninas en sus habitaciones. En aquella época eso estaba mal visto, no solamente para los futuros sacerdotes, sino especialmente en ese caso. Hubiera sido como romper con un tabú. Yo les dije: lo autorizo con gusto, con la condición de que ustedes logren convencer a los demás internos del seminario sobre esa idea. Es decir que les transferí la responsabilidad a ellos mismos, sin que yo la hubiese asumido por ellos. Claro está que enseguida vieron que su plan era de imposible realización. Por el otro lado vieron también que no podían ponerme delante de su carro.

Otro ejemplo: en ocasiones mis superiores en Roma me daban determinadas directivas que yo debía trasmitir a los estudiantes. Yo les dije: "Son bienvenidos para decírselos ustedes mismos." Nadie vino para decirlo por sí mismo. Entonces yo había detectado esos intentos de trasladar la propia responsabilidad a otros, así como los mecanismos mediante los cuales las personas evaden su responsabilidad y se la pasan a otros, y yo me conduje acorde. Eso me evitó mucho trabajo.

"Me voy"

Concluye el período en la Orden

Me interesa cómo se desenvolvió entonces su desarrollo para llegar a ser terapeuta.

Pronto me di cuenta de que la dinámica de grupo no era suficiente para mi desarrollo interior y mi alma. Debía hacer algo distinto.

Comencé con el psicoanálisis; primero para mí y después como formación. En eso no había conflicto con la Orden. Me habían autorizado porque yo estaba lúcido y era económicamente independiente. Mis superiores en la Orden vieron que en ese aspecto no tenían poder sobre mí. Inicié una capacitación psicoanalítica en Viena y también viví allí.

¿Perteneciendo todavía a la Orden?

Sí, me dieron la libertad de hacerlo.

¿Y quién lo pagó?

Lo pagué yo mismo. Yo era instructor de dinámica de grupo y económicamente independiente. Aunque entonces aún tenía la conformidad de mis superiores.

Un próximo paso importante fue para mí el encuentro con Ruth Cohn. En un grupo para terapeutas ella explicó la terapia gestáltica. Nadie sabía en esos tiempos de qué se trataba. Ella dijo que quería mostrárnoslo y preguntó: "¿Quién se sienta en la silla caliente?"

¿Qué es la silla caliente?

La silla caliente es la silla para el paciente con quien trabaja el terapeuta. Uno puede pasar mucho calor en esa silla.

Me senté, pues, en la "silla caliente" y Ruth Cohn llevó a cabo un trabajo fantástico conmigo. Con su ayuda he podido ver hacia mi futuro. En esa sesión me quedó claro que iría a dejar el sacerdocio, dejar la Orden y contraer matrimonio. Después ella hizo que yo recorriera todo el grupo y le dijera a cada uno: "Me voy". Para mí esto fue muy emotivo. En ese momento tome la decisión. Sin embargo los tiempos para su ejecución aún no estaban maduros.

Continué trabajando unos cuatro meses más como hasta entonces, aunque supiera que el sacerdocio se había terminado para mí. Después viajé a Roma para un curso de dinámica de grupo que debía realizar para integrantes de la Orden. Allí me encontré con un sacerdote estadounidense. Conversamos e intercambiamos nuestras experiencias. Mientras él me hablaba, yo sentía como un rayo la certeza: llegó el momento de actuar. Mientras estaba todavía en Roma inicié los trámites para dejar la Orden y después los hechos se sucedieron rápidamente.

Al poco tiempo conocí a mi esposa y decidimos casarnos. Continué con mi formación psicoanalítica en Viena y con mi trabajo con la dinámica de grupo.

Al cabo de otro año concluí con el estudio del psicoanálisis con todos los exámenes correspondientes y me radiqué con mi esposa en Alemania, cerca de la frontera con Austria frente a Salzburgo. En Salzburgo me sumé al círculo de trabajo para psicología del inconsciente.

Un tiempo atrás había casualmente encontrado el libro de Arthur Janov *The primal scream* ("El grito primal"), que me fascinó, de modo que probé sus métodos en mis grupos de la dinámica de grupo. Quedé muy impresionado y pensé que era increíble todo lo que se hacía posible. En esa época debía dar una conferencia en el círculo de trabajo de Salzburgo e informé sobre este libro – simplemente informé. Después me llamó el director del círculo de trabajo, el profesor Caruso. Me dijo que no podían conservarme en su círculo de trabajo ni tampoco reconocerme como psicoanalista. Porque (textual): "Yo en mi carácter de obispo de una iglesia ortodoxa no puedo tomar a uno de los 'Jesus people'". Es decir, me echaron.

¿Pues eso fue hacia fines de los años '60 y comienzos de los años '70? Los "Jesus people" eran como un primer movimiento cristiano de base, que entonces habían impresionado a muchos. El psicoanálisis fue sustituido por Wilhelm Reich para la generación del '68 y después le hacían fuerte competencia las formas terapéuticas humanísticas. Casi pareciera que inicialmente a usted le fue de mal en peor.

Y así fue.
Después continué con mi búsqueda, pero por largo tiempo no sabía cuál era el punto crucial. No obstante, cualquier otra forma de terapia que llegaba a conocer fue enriquecedora para mí. Viajé a los Estados Unidos y me presenté a Janov para realizar una capacitación en terapia primaria. Pero antes de viajar ya había conocido el análisis transaccional a través de Fanita English. Ella nos presentó el análisis de guión.

¿Qué es exactamente el análisis de guión?

Fue introducido por Eric Berne en el marco del análisis transaccional. Él había observado que todos seguimos en nuestra vida un guión secreto, un libreto. Puede traerse a la luz el contenido de este guión y en consecuencia se lo puede modificar. El guión se oculta en historias o cuentos que nos conmueven mucho. Por ejemplo se elige una historia de la época anterior al quinto año de vida y otra de los últimos dos años. Cuando se comparan estas historias entre sí, se encuentra lo que les es común. Ese es el guión. Yo he probado este método con mis grupos y tuve un éxito resonante. Este análisis se describe claramente en el libro de Eric Berne *¿Qué dice usted después de decir "hola"?*, en inglés: *What do you say after you say "hello"?*

¿Cómo es concretamente un análisis de guión? ¿Puede dar un ejemplo?

Una participante presentó como la primera historia que la había tocado íntimamente la canción "Buenas noches, buenos sueños, en un lecho de rosas"[13]. De segunda historia había elegido una novela, "La araña negra". Este libro relata cómo drogadictos irrumpen en una fábrica química para buscar sustancia. Vuelcan un recipiente y se genera una nube de gas tóxico que destruye todo tipo de vida en un gran perímetro.

El trasfondo de esta participante era que provenía de una familia de hemofílicos. Sus tres hermanos se habían desangrado al cabo de pocas semanas. "Buenas noches, buenos sueños" era para ella una canción fúnebre para sus hermanos.

No lo sabía. También la he cantado con mis hijos, si bien con una letra propia. ¿Cómo es la letra?

La última estrofa dice: "Buenas noches, buenos sueños, vigilado estás por angelitos que en sueños mecen el árbol del niño Jesús. Duerme feliz y con dulzura y mira el paraíso en sueños". Es en efecto una canción fúnebre para un niño muerto. El guión de la mujer aparece a través de la segunda historia "La araña negra". Ella lleva en sí el germen de la muerte y teme llevarles la muerte a otros. A eso le tenía miedo, porque tenía dos hijos. Es aquí donde todo el dramatismo del guión llega a la luz y se hace visible.

---

[13] Conocida canción popular alemana titulada "Guten Abend, gute Nacht", con letra reformulada por Georg Scherer y música de Johannes Brahms [N.d.T]

¿Cómo supo lidiar con esta situación, si entonces nada sabía aún de las constelaciones familiares?

Le pregunté a la mujer, qué decía su esposo al saber que ella llevaba en sí esa enfermedad hereditaria. Ella contestó: "Mi esposo me ama tal como soy". "¿Y sus hijos?", inquirí. "También ellos me aman tal cual soy".
Internamente les agradeció que la amaran, aunque les había trasmitido esa semilla. Dio así el gran paso para romper el libreto. Este paso le hizo posible no mirar más el veneno, sino reconocer: así es, estoy conforme con el destino, tal como es.
Eric Berne ofreció frases resolutivas especiales que conducen fuera del guión. Yo también las practiqué en grupos, pero al cabo de cierto tiempo me resultó demasiado inquietante, por lo que dejé de hacerlo, aunque las frases que se me habían presentado eran realmente buenas. Mucho más tarde volví a practicarlo en el marco de las constelaciones familiares.

¿En esos tiempos qué le había resultado inquietante?

Yo había asumido algo que me quedaba demasiado grande. Por eso me retiré de ese tipo de aplicación.

Durante muchos años usted ofreció el análisis de guión. ¿Qué aprendió usted a partir de ese análisis para el trabajo de las constelaciones familiares, además de las frases?

Al cabo de cierto tiempo percibí que esos libretos en parte no son personales, que no están relacionados con experiencias personales, como acaso en el ejemplo que comenté. Eric Berne partía de la base que los guiones se conformaban en la infancia a través de órdenes negativas de los padres, a través de los así llamados "mandatos". Pero yo he visto que no es así. La mayoría de los guiones son tomados de otros miembros de la familia. Provienen de un enredo.

¿Tomados de otros que no sean los padres? ¿Cómo pudo darse cuenta usted?

Un ejemplo: tenía un participante cuyo guión era Otelo. Sin embargo un niño no puede vivenciar personalmente el contenido de Otelo. Pues le pregunté: "¿Quién en tu familia mató a quién por celos?" y él dijo: "Mi abuelo mató a su rival". Supe entonces que muchos guiones se vinculan con algo que sucedió en el seno familiar. Fue este el primer paso hacia el conocimiento acerca de los enredos. En ese sentido el análisis de guión fue para mí un hito esencial.

¿Qué le brindó el psicoanálisis?

Merced al psicoanálisis llevo en la sangre el trato apropiado para las resistencias o las proyecciones, por así decirlo. Ya no me detengo a pensar. Durante mi capacitación psicoanalítica me dediqué por un año a leer las obras completas de Freud, lo que me reportó un gran beneficio. Desde la primera hasta la última palabra. Es una gran obra. Pero el análisis de guión fue para mí tanto más avanzado que el psicoanálisis, tan colorido, tan diverso y rico. Así, la visión de los destinos de vida fue para mí inigualablemente más profunda de lo que puede lograrse a través del psicoanálisis.

"Hasta los 50 no me sentí preparado"

Fases evolutivas

En la dinámica de grupo usted llegó a conocerse como individuo en el grupo, así como el manejo de grupo. En el psicoanálisis usted retornó a la historia individual de vida, el análisis de guión le abrió los ojos para los enredos. ¿Qué papel jugó entonces para usted la terapia del grito primal?

Estuve cinco meses en Los Angeles con Arthur Janov y otros cuatro meses en Denver con un discípulo suyo. He catado la terapia primal desde el comienzo hasta el fin. Fue increíblemente importante para mí y pese a ello vi que lleva con facilidad hacia una senda estrecha. Existe el peligro de que uno se quede atascado en la regresión y no continúe creciendo. Una buena parte de ese riesgo es muy dramático, aunque carece de fuerza. Hoy los denomino sentimientos secundarios; pero eso lo pude captar recién más tarde.

¿Cómo se desarrolló ésto concretamente en aquel tiempo? ¿Concurría todas las semanas a dos horas de terapia?

No, no. Asistía todos los días al centro terapéutico durante varias horas. Con la ayuda de un terapeuta uno retorna a su infancia y a los sentimientos de la infancia. Mediante su conducción uno expresa estos sentimientos primarios con gritos fuertes y sonoros, lo cual tiene un efecto liberador – mientras los sentimientos sean esenciales. Pero con determinada ejercitación uno también puede descontrolarse progresivamente. Entonces el efecto es contrario, porque promueve la regresión y evita la despedida de la niñez.

Durante nueve meses usted fue allí todos los días y emitió gritos. Es un largo tiempo, ello equivaldría aquí a una terapia de varios años.

Así fue. Cargué con todo este proceso. Después me di cuenta: ya no me da nada más; fácilmente puede degenerar en teatro.

¿Cómo se dio cuenta?

Cuando un paciente cumplía años, le obsequiaban una torta y entonces él o ella naturalmente lloraba.

¿Por qué?

Era como una obligación. Porque acababa de recibir algo que cuando niño no había recibido. Una vez fue una mujer, quien recibió una torta después de la sesión. Ella era terapeuta y lloró desgarradoramente. Luego fui a verla y le dije. "Eso fue una actuación, no es cierto?". Ella dijo: "Sí, aquí hay que hacerlo de este modo". Entonces esto era como un código de conducta, qua ya nada tenía que ver con libertad y crecimiento.

Más adelante yo mismo ofrecí terapia primal. La idea e instrucción pautadas eran que esa terapia duraba nueve meses. Desde un inicio yo la reduje a cuatro meses.

¿Cómo trabajaba usted? ¿En grupos? ¿Un fin de semana al mes?

No, no. Todos los días, con excepción de sábados y domingos.

Aquí también puede verse cómo han cambiado los tiempos. Hoy nadie se metería en esto. ¿Cuál fue la reacción de los vecinos?

En mi casa yo tenía un sótano a prueba de sonido. Había hecho construir la casa especialmente para poder ofrecer terapia primal. Todos los días ofrecíamos sesiones grupales de unas tres horas para diez participantes, y mi mujer y yo ofrecíamos además dos sesiones individuales cada uno. Dos veces ofrecimos la terapia primal por cuatro meses. Después pensamos: con cuatro semanas está bien. La ofrecimos dos veces al año por cuatro semanas, lo cual tenía el mismo efecto. Más tarde combiné la terapia primal con el análisis de guión. Finalmente resultó que en un curso de guión de cinco días reservaba un día para la terapia primal.

Con el correr del tiempo pude apreciar que el dolor primario decisivo proviene de un movimiento de apertura interrumpido. Este siempre jugó un papel significativo en la terapia primal. Como terapeuta uno le ayuda al paciente a vivir nuevamente el nacimiento. Luego se le ayuda en el movimiento de apertura hacia la madre y hacia el padre, y eso es todo.

Después vi que los problemas importantes de pacientes son, por un lado, del tipo sistémico y, por el otro, se remontan a traumas personales. Para el aspecto sistémico ofrecí las constelaciones familiares y para el trauma personal una sesión primal.

Usted hizo terapia durante mucho tiempo. Análisis, terapia gestáltica, terapia primal - ¿para qué lo necesitaba, si su vida se desenvolvía tan armónicamente? Lo que usted había elegido eran formas terapéuticas con mucho de autoconocimiento.

Hice todas esas terapias para mí mismo y no porque las hubiese querido trasmitir. Eran para mí como un nuevo noviciado y pasó mucho tiempo hasta que pude ver claro respecto de mí mismo. Hasta los 50 no sentí que estuviera preparado. Todavía estaba en la búsqueda. Recién después pude ver las cosas con claridad.

¿Cuáles eran sus preguntas en este largo proceso terapéutico?

Yo fui sin tener preguntas. Sencillamente me expuse a eso. Quería aprender, quería vivir la autognosis, quería saber qué pasaba conmigo. Si algo no era bueno para mí, lo interrumpía de inmediato.

Si alguien viniera a verlo como terapeuta y dijera: "Solamente quiero probar algo ...", usted no se preguntaría: "¿Tendrá las fuerzas para ello?". Por lo general uno va al terapeuta con algún problema ...

Para mí fue un aprendizaje personal – sin preguntas claras. Igualmente las preguntas claras no suelen ser las preguntas esenciales. Me daba cuenta de inmediato si algo me llegaba. Fue muy evidente en el caso del análisis de guion. Eso me electrizó; pude sentir: aquí es posible un desarrollo – yo mismo entonces aún no estaba preparado.

En la terapia primal inicialmente esto era similar. Sin embargo, repentinamente sentí que se había acabado. Apenas algo se transforma en una escuela y uno debe aprender y dominar un determinado canon de conducta, apenas uno es controlado, hay algo que muere. Entonces yo avanzaba.

Es decir, que entre la gran oferta de nuevas formas terapéuticas y conceptos de ideas alternativas que tanto abundaban precisamente en los años 70, ¿usted eligió lo que para usted era más cautivante?

Exactamente. Luego lo probé y profundicé para mí con otros y en otros. De allí proviene mi cúmulo de experiencias – sin certificados ni membresías en asociaciones. Eso jamás me interesó.

Y ahora aparecen algunos "psicólogos críticos", que jamás se expusieron a un proceso de autognosis y nada entienden de procedimientos terapéuticos humanistas, salvo que los condenan llamándolos "esotéricos" y exclaman: "¡Hellinger no tiene certificado!". Ello no deja de tener cierta comicidad.

Así es.

Usted asimismo se ocupó de la hipnoterapia según Milton Erickson y con la PNL[14]. ¿Qué lo fascinó tanto de Erickson?

Me impresionó el respeto por el paciente y el acompañarlo en su movimiento.

---

[14] Programación neurolingüística. En inglés: NLP – Neurolinguistic Programming [N.d.T.]

¿Dice usted con los movimientos del cuerpo?

Sí. Aprendí mucho de ello. Por ejemplo, cuando alguien cuenta algo moviendo levemente la cabeza, entonces frecuentemente lo que está diciendo no es verdad. O asiente con la cabeza y después discute lo que dije. Entonces veo que di en el blanco. O alguien se aleja un poco, o en las constelaciones familiares alguien no fija la mirada en quien tiene delante. Entonces sé que ahí tengo que poner a alguien. Es decir que estos pequeños movimientos muchas veces son los más importantes. Y Milton Erickson de inmediato coincide con todo lo que diga el paciente. Está atento a las más mínimas señas corporales y extrae de ellas el real problema del paciente, para llevarlo con rodeos y sin que se pueda ver a dónde lleva el camino, hasta lo que se corresponde con él en lo más profundo.

¿Puede ser más preciso? ¿Qué quiere decir con rodeos?

Por ejemplo, una vez lo consultó una pareja porque tenía problemas. Erickson no dijo nada. Los mandó a una montaña y cuando volvieron, peguntó: "¿Cómo estuvo?". El hombre contestó: "Maravilloso, qué vista, qué paisaje?". La mujer dijo: "¿Cómo puede decir eso? Fue terriblemente aburrido". Erickson no hizo ningún comentario y los envió a su casa. Al cabo de dos semanas se habían separado. Esto es típico de Erickson.

¿Cómo se maneja hoy con la hipnoterapia? ¿Actualmente la continúa aplicando?

Rara vez, pero en ocasiones surge como por sí misma. Por ejemplo en Shanghai tenía un curso en una clínica psiquiátrica. Espontáneamente un hombre se sentó a mi lado e inmediatamente cayó en un profundo trance. Al cabo de quince minutos abrió los ojos y me agradeció. No se había pronunciado ni una palabra. Muchas veces hablo en un tono de voz que favorece la concentración, empleando solamente palabras sencillas. También eso lo aprendí de Erickson.

Básicamente la PNL es una combinación de las "mejores prácticas" de distintos terapeutas. ¿Qué aprendió exactamente usted a partir de ella?

A partir de la PNL se aprende a movilizar mediante mínimas modificaciones las posturas rígidamente enclavadas y las imágenes internas relacionadas con ellas. Ante todo la PNL es hipnoterapia aplicada y ampliada.

Yo mismo he ofrecido cursos de PNL y hasta he escrito un libro con instrucciones para la PNL, en su mayor parte con historias. Jamás lo publiqué. A través de la hipnoterapia y la PNL he aprendido a emplear terapéuticamente las historias.

¿Cómo crea usted las historias terapéuticas y qué trata de decir con que las emplea terapéuticamente?

La mayoría de las historias terapéuticas se me ocurren espontáneamente en una determinada situación. Por ejemplo, en un curso alguien comentó que sufría de asma. Entonces le conté la siguiente historia: Alguien habita una pequeña casa y con el correr del tiempo se acumulan muchos trastos viejos en sus habitaciones. Muchas visitas trajeron sus cosas y al seguir su camino dejaban alguna que otra maleta. Es como si continuaran estando, aunque ya se fueron para siempre. También lo que había ido juntando el mismo propietario permanece en la casa. Nada debe pasar, nada debe perderse. También las cosas rotas constituyen un recuerdo, por eso permanecen y les quitan el espacio a cosas mejores. Recién cuando el dueño de casa está por asfixiarse, comienza a poner orden y empieza por sus libros. ¿Quiere continuar mirando esas antiguas imágenes y entender enseñanzas e historias ajenas? Él saca de su casa todo lo que ya está superado y los cuartos se tornan luminosos y claros. Después abre las maletas ajenas y revisa si hay algo de utilidad para él. Descubre algunas cosas de valor y las pone a un lado, sacando fuera todo lo demás. Echa los trastos viejos a un pozo, lo cubre cuidadosamente con tierra y finalmente siembra semillas de césped.

¿Cómo fue que de improviso sabe contar esas historias y por qué le gusta contarlas?

Porque comprendí cuán elegantes y cuán efectivas son las historias. Al comienzo pensé que también quería saber hacerlo. Pero no sabía cómo. Y nuevamente me vi haciendo un curso. De repente alguien dijo: "Cuéntanos una historia" y al instante recordé la historia del pequeño y del gran Orfeo, que está publicada en mi libro "Felicidad Dual"[15]. Entonces superé el miedo y a partir de aquella vez hallé y relaté muchas historias.

¿Propias?

Naturalmente; sencillamente venían a mí. Pero muchas veces no se las cuento a quien están destinadas, sino a todos. Yo mismo alguna vez hice la experiencia en un grupo en el que la instructora contó una metáfora para cada uno. La mía no iba conmigo en absoluto, pero sí la de otro. Pues frecuentemente relato las historias sin decirle nada a aquel para quien las estoy contando. Ellas son para todos.

Hace tiempo, cuando a veces me enojaba en algún curso, también contaba historias. Historias de venganza. Es venganza de manera elegante. Por ejemplo aquella historia del leproso que va a ver al curandero y éste no se ocupa de él y le dice: "Báñate en el Jordán". Obedeció, volvió a su casa y le dijo a su mujer: "Ya estoy curado, me he bañado, pero además de eso no pasó nada." Y todos sonríen para sí.

---

[15] Título en alemán: "Zweierlei Glück" [N.d.T.]

O la historia de la ayuda. A veces relato que Jesús le dijo a uno: "Levántate, carga tu cama y vete a tu casa", pero éste dijo: "No, no quiero" y Jesús dijo a sus discípulos: "Tal vez él honre más a Dios que yo". Es una historia acerca de lo importante que es la resistencia y que yo la respeto. No existe la ayuda a cualquier precio.

Se dice que las historias encuentran la vía al subconsciente con más rapidez que muchas otras cosas. ¿Cómo exactamente es el efecto de las historias? Y ¿por qué eso suele ser mucho mejor que dar tantos consejos?

Por ejemplo, a veces los padres tienen problemas porque sus hijos ya mayores son enuréticos. A esos niños se les puede relatar historias en las que se incluyen pequeñas escenas como que se cierran grifos de agua o se repara alguna canaleta del techo.

Por ejemplo Caperucita Roja visita a su abuela, llega hasta la puerta y advierte que la canaleta está goteando. Entonces ella se dice: "Primero arreglaré esto." Pasa al galpón, busca algún pegamento y una escalera, sube y compone la canaleta para que la entrada a la casa no se moje. Después entra y saluda a la abuela.

O un enanito visita a Blancanieves y se queja porque su techo tiene una gotera y a la mañana su cama está mojada porque había estado lloviendo durante la noche. Blancanieves le dice: "Enseguida lo arreglaré". Mientras los enanos están trabajando, ella sube al techo y ve que tan sólo estaba desajustada una teja, de modo que la acomoda. Cuando el enanito de noche vuelve a la casa, está tan agotado que se olvida de preguntar por el techo. A la mañana vuelve a olvidarlo y a partir de entonces todo está en orden.

Un padre cuya pequeña hija era enurética le relató cuentos de este tipo antes de dormir y esos cuentos tuvieron un efecto inmediato. A la mañana siguiente su cama estaba seca. Pero además el padre experimentó otra cosa, que era extraña: antes, cuando le contaba historias a su hija antes de dormir, ella siempre estaba muy atenta para que siempre se las contara del mismo modo, sin omitir ni agregar nada. Sin embargo en ocasión de estas modificaciones no protestó, aceptándolas con la mayor naturalidad. Ello nos indica que el alma sabia del niño se conecta con quien relata. El alma desea la solución, sin que se le indique expresamente, de modo que el niño puede actuar lo nuevo a través del conocimiento y el coraje.

Por supuesto que el niño percibió lo que el padre dijo, de lo contrario no hubiese tenido efecto. Pero al no nombrar el problema, el padre tuvo en cuenta la vergüenza del niño. El niño se sintió respetado por haber sido objeto de tanta consideración y pudo reaccionar.

Está claro que el niño sabe que moja la cama. No es necesario que se lo contemos. Sabe también que no debe mojar la cama. Tampoco nadie tiene que decírselo. Si le damos un consejo o lo confrontamos con su problema, se sentirá denigrado. Si sigue el consejo, entonces los padres habrán ganado en autoestima y el niño la habrá perdido. Se protege contra la pérdida de la autoestima rechazando el consejo. Precisamente porque le dimos un consejo, deberá hacer lo contrario para conservar su dignidad. La dignidad es lo más importante para cualquier persona, también para un niño. Solamente cuando en el consejo recibido el niño siente un profundo amor, entonces lo cumplirá con gusto. Así es con las historias. Ayudan a que las personas conserven su dignidad y que algo se recomponga.

Más adelante usted se dedicó a la terapia familiar, asistiendo a seminarios de Les Kadis y Ruth McClendon en los Estados Unidos. ¿Allí también se efectuaron constelaciones con las familias?

Ocasionalmente. Entonces yo pensaba: este es el futuro. Pero por un tiempo más continué trabajando con mis grupos habituales. Sin embargo, al cabo de un año ello se transformó en terapia familiar y yo había adoptado las constelaciones familiares, desarrollándolas para mí. Ahora todo estaba confluyendo.

"No se me permite cometer errores"

Sobre el trabajo con grandes grupos, la clarificación de las misiones y el trato con inmigrantes

"No hay crecimiento sin resistencia"

Acerca de lo duro del proceso terapéutico

Muchos sienten que a veces su trato con los pacientes es innecesariamente duro. ¿Cómo se explica las objeciones contra su forma de trabajar?

Muchos ven el crecimiento del alma desde un sólo aspecto: que el crecimiento necesita de alimento. El crecimiento requiere alimento y requiere resistencia. Todo crecimiento supera la resistencia. Aquel terapeuta que niega las resistencia porque pretende ser afable, es el más duro de todos. El paciente podrá crecer con aquél que le ofrece resistencia. Tal vez se enoje con el terapeuta – muchos están enojados conmigo. Al cabo de dos años algunos de ellos me escriben una carta y me agradecen por ello.

Este es un ejemplo a partir de un trabajo individual. A mí me interesa el gran conjunto. Antes usted trabajaba en pequeños grupos unos dos o tres días. A los pacientes les era posible volver a tener un contacto. A veces usted trabajaba con alguien durante el primer día, lo confrontaba o interrumpía una constelación, dando así inicio a un proceso. Al segundo o tercer día él volvía y se daba un cierre, un proceso concluido. Hace tiempo que esto es diferente. ¿No es una enorme diferencia si usted trabaja ante 500 personas o ante 40?

Cuando estoy trabajando ante un grupo grande, lo hago con mayor concentración. Y yo interrumpo apenas veo que no estoy avanzando, aún cuando luego no tenga oportunidad de retomar. Parece duro y aún así es una oportunidad para la persona respectiva. Si así no lo hiciese, perdería mi fuerza y mi credibilidad, y eso no lo sacrificaría en homenaje a algún crítico o ante la mera idea de que alguien pueda escandalizarse.

Cuando trabajo, me olvido totalmente del público. Yo trabajo en la medida de la necesidad que el alma presenta y no más. Cómo les llega a los demás, es otra cuestión.

Hace dos años trabajé con una mujer de Eritrea en Würzburgo. Súbitamente alguien profirió un grito. Le había dicho a la mujer que debía retornar a Eritrea. Algunos dijeron que cómo podía decir eso, que era xenófobo, que esa mujer vivía en Alemania. El terapeuta de traumas Peter Levine estaba sentado en la primera fila y le dijo a un amigo mío que en el preciso momento en que yo dije eso, él había visto el movimiento energético desde las sentaderas de la mujer hacia arriba. Había sido una curación de un trauma a través de mi intervención. Pareciera ser duro decir: Tú debes volver, pero fue exactamente eso, lo que generó un resultado.

La terapeuta de la mujer me escribió más adelante que en el ínterin ella había viajado varias veces a Eritrea. Es decir que había retomado el contacto con su país.

¿No existe una diferencia entre decir "Tú debes volver a Eritrea" o decir "Toma contacto con tu país"?

Valórelo usted misma: ¿Cuánta fuerza hay en una frase y cuánta en la otra? No, naturalmente ella debe volver, esto está claro. Y si ella consiente que debe hacerlo, entonces algo cambiará en su alma. Entonces tomará contacto. Pero no necesita hacer lo que yo le diga, al pie de la letra.

¿Entonces su frase "Tú debes volver a Eritrea" es acaso un gran malentendido?

No es un malentendido, porque yo quise decir exactamente eso.

En un libro usted dice: A veces las personas que le dan la espalda a su país de origen solamente pueden curarse si vuelven y están dispuestos a soportar el destino de su pueblo. Y más adelante usted escribe: Algunos huyen y se imponen a otro país que no les pertenece y que no los necesita o no los quiere. ¿Cuáles fueron sus experiencias para arribar a esas conclusiones?

He visto personas que han venido aquí y se enferman. He observado que su enfermedad está relacionada con que le han dado la espalda a su país. En realidad le dieron la espalda a su madre. Yo soy sistémico en eso. Tengo una empatía con su país y con su madre. No solamente me fijo si le va bien personalmente, sino que también tengo en mi mente al país. Entonces, por ejemplo, dispongo en la constelación a Alemania y a la patria y observo los movimientos alternos. Frecuentemente sólo se sienten bien en su patria. Es decir: queda claro a partir de la constelación, que ellos deben volver a su patria. Entonces yo digo, tal como en el caso de la mujer de Eritrea: Tú debes volver allí.

Hace poco estuvo conmigo una mujer de Kosovo, cuyo esposo está en la cárcel porque es un delincuente. Yo dije: "Tú debes volver a Kosovo. Solamente allí, tú y tus hijos estarán realmente seguros. Y ustedes deberán presentarse". Escuché que ella había vuelto. La mujer ganó fuerzas.

"Yo no digo que los inmigrantes deban retornar"

¿Cómo arriba usted a una conclusión tan precisa?

Nosotros, los seres humanos solamente sabemos desenvolvernos en un campo determinado, en el campo al cual pertenecemos. Naturalmente hay casos en los cuales alguien debe emigrar. Tampoco sostengo que los inmigrantes deban volver, pero yo observo que algunos se enferman porque se fueron, les va mal o no se integran.

El mundo es grande, la globalización lo abre una vez más. ¿No es esto una parte de nuestra libertad?

Se debe cargar con el destino del propio grupo, así como se debe cargar con el destino de la propia familia. No es posible sustraerse a ello. Participando de esa carga, uno crece y uno se gana la patria.

Permítanos volver a su ejemplo. Los espectadores oyen lo que usted dice, pero no ven lo que vio el terapeuta de traumas. Seguramente también es muy distinto si uno está en medio del campo de la constelación, como usted, si uno participa como representante, si está presente en el círculo externo, en la primera fila de la sala, en la última o acaso ve la reunión por video. En algún momento ya no se recibe la energía del campo.

Muchos ni siquiera lo miran. Tienen una ideología; es decir, se debe ser amable con los extranjeros, ayudarles a que puedan permanecer aquí, etc. Ya ni ven que le estoy ayudando a la mujer. Mis modos son como un trapo rojo para ellos, pero no puedo tener consideración. Quise decir exactamente lo que dije: Tú debes volver a Eritrea. Cómo eso se desenvolverá en la práctica, dependerá de las circunstancias y de otros factores. No obstante, estará arraigado en el alma: "Debo volver allí". Esta es la intervención sanadora.

¿Por qué trabaja ante tantas personas?

Cuando trabajé por primera vez ante un grupo grande, yo había querido ofrecer un taller para 35 personas e inesperadamente había una presencia de 350 personas. Pues comencé a trabajar ante todas ellas y funcionó. Por mí mismo jamás lo hubiese hecho, pero a veces nos vemos forzados a hacer algo y aquí pude ver que es posible. Partiendo de reflexiones teóricas, no hubiese resultado. Así quedó demostrado que podía atreverme a ello.

Cada contexto es una oportunidad y a su vez fija límites. Y a quien diga que no debería trabajar ante tanta gente, que eso no es razonable, yo le pregunto: ¿Qué hubiese sido de las constelaciones familiares? ¿Serían conocidas, si yo hubiese trabajado en grupos pequeños? Viéndolo globalmente, esta forma de trabajar fue como un despegue decisivo. Que algunos puedan escandalizarse es parte del riesgo. Para mí no es un riesgo.

"Yo trabajo con el grupo íntegro"

Yo me pregunto: ¿existe en realidad un espacio protegido para el paciente o se trata de un espacio público? ¿Qué sucede si un espacio terapéutico se transforma en un espacio público? Es que una intervención terapéutica termina siendo una declaración política. De repente se comenta: "Hellinger dice que los extranjeros deben volver a su país ..."

Esto no es una conclusión legítima. Así fue en esa ocasión. En otros casos es distinto. Yo no lo generalizo.

En estos casos estoy trabajando con el grupo íntegro y no con algunos individuos en forma particular, como algunos lo creen. Se trata de un malentendido. Yo no quiero presentar públicamente a esas personas. Siempre trabajo con ellas teniendo en la mira al grupo íntegro. Simultáneamente todos pueden aprender. Son conmovidos internamente y quizás resuelvan algún problema sin necesidad de constelar.

¿También cuando se trata de 1.500 personas?

En Würzburgo eran 2.300, que de hecho no sería un despliegue adecuado. Pero diría que 500 es un número aceptable. Todo lo demás son excepciones.

Volviendo al concepto de "presentar públicamente": hay situaciones en las que usted le dice al público: "¿Ven ustedes lo que él esta haciendo aquí?". Usted habla con el público sobre su paciente. Para muchos resulta escandaloso.

Esto es dinámica de grupo. Yo empleo al grupo como un instrumento, con lo cual el paciente es sometido a una presión tremenda. Se trata de una medida terapéutica dirigida. El grupo sabe: aquí no se juega.

Si me imagino como paciente sentada allí adelante, me sentiría muy inhibida. De repente me sentiría en el espacio público y ya no en el terapéutico, porque yo no pedí una sesión de dinámica de grupo.

Yo no expongo al paciente a ese grupo; él mismo viene a ese grupo.

Ya casi no es posible acceder a Bert Hellinger a no ser en grandes grupos.

Como fuera. Él viene a mí corriendo ese riesgo y sabe que es una sesión pública. Se sabe cómo me estoy manejando. Además: hay una diferencia entre cómo reacciona una paciente en el momento y qué efecto percibe más tarde en su seno familiar. Yo tengo presente este aspecto. No puede valorarse el trabajo de constelación solamente en el marco del momento. Aunque tal vez un paciente se enoje.

Ocasionalmente, así también se manifiesta una cara real. Las personas se dan a veces de una manera dulce o miserable. Cuando los confronto, repentinamente se tornan agresivos. Hay veces que los presento para que eso pueda apreciarse. Que a veces yo me extralimite ... sí, eso sucede. ¿Debo yo ser el único perfecto? Eso no es humano. No se me permite cometer errores.

"Yo no me manifiesto políticamente"

Según pude interpretarlo, para usted el espacio terapéutico no es una cuestión de número. De acuerdo al concepto tradicional, la terapia se lleva a cabo en una sesión individual o acaso en un grupo de entre 15 a 30 personas. Usted amplía el espacio terapéutico al público y se filtran personas, opiniones, ideologías y de repente ya no se distingue entre las intervenciones posiblemente sanadoras y la política. Entonces la gente dice: Hellinger es xenófobo, porque dijo que vuelvan a su casa. Hellinger es misógino, porque dice que la mujer sigue al hombre y que la mujer es copartícipe de los hechos de abuso; Hellinger es patriarcal, porque lo niños honran a sus padres; Hellinger es antisemita, porque dice que la víctima está atada a los victimarios y es un nazi, porque dice que Hitler también fue movilizado por una fuerza superior. Esta crítica proviene de personas que no pueden o no quieren participar del espacio terapéutico y que usted no puede integrar a su grupo numeroso. Los parámetros del sistema observados por usted y por otros, tales como el orden, el vínculo y la compensación, se transforman en disposiciones normativas para personas individuales. De esta forma, las intervenciones terapéuticas se tornan manifestaciones políticas.

Detrás de ello están las ideologías. Yo no me manifiesto políticamente, cumplo con mi trabajo y me dejo conducir por lo que veo en la constelación.

"Yo no soy mecánico"

Clarificando la misión

Del bando terapéutico proviene la pregunta crítica: ¿Dónde queda en Bert Hellinger la clarificación de la misión encomen-

dada? ¿Quién es su comitente cuando un paciente lo consulta? ¿Dónde esta la clarificación de la misión, cuando por ejemplo, usted dice que los pacientes nada tienen que decirle, sino que usted mismo ya irá viendo de qué se trata?

Si yo procediera a este tipo de clarificación de la misión sería como una prostituta. Alguien viene y dice: Exijo tal y pago tanto. ¿Qué imagen de un terapeuta es ésta? ¿De su dignidad? ¿De su competencia?

Doy un ejemplo: En el intervalo de una de mis conferencias se acerca una pareja y pregunta si podía trabajar con ellos. Yo miro a la mujer y digo: está claro que la mujer se quiere ir. Lo puedo ver. Ella dice que sí y el hombre también lo dice. Durante muchos años habían estado felizmente casados, pero entonces su madre necesitó de cuidados y él la integró a la familia. Desde entonces las cosas entre el hombre y la mujer dejaron de funcionar. Le pregunto qué había sucedido en su familia de origen. Ella tenía un hermano impedido que falleció a temprana edad. Yo pregunto: ¿Qué quieren trabajar conmigo? Después ella subió al escenario. Ahora bien, ¿cuál era mi misión? ¿Estaban ellos en condiciones de explicarme qué misión me encomendaban? ¿O cuál era el problema? No lo sabían.

Pero ellos preguntaron y el problema se cristalizó, de modo que usted armó una constelación. Pero esto es distinto a cuando usted dice: Yo ya no necesito preguntar, yo ya lo sé.

Un paciente viene a verme, porque él considera que soy competente. Yo no soy simplemente un ejecutante, no soy un mecánico que repara automóviles. El paciente espera de mí otro tipo de competencia, por ejemplo que yo perciba cosas que él no percibe.

¿Pero relacionadas con su problema, claro está?

¡El problema! Todos saben que el problema que se formula no es el problema propiamente dicho. Si yo me ocupo de lo que el paciente me dice, entonces no puedo ocuparme de lo que en él subyace. Así muchas veces comienza un juego entre el paciente y el terapeuta que está condenado al fracaso, porque no se trata de la cuestión de fondo. La primera incumbencia del terapeuta es descubrir ese juego. Una vez que lo descubrió y se lo dice al paciente, pero él no lo acepta, entonces es libre para irse. Sin embargo, muchos se quedan y están agradecidos puesto que lo subyacente fue traído a la luz.

La pregunta es: ¿Puedo confiar en mi percepción o alguno podría pensar: Bien, primero te engañaré un poco? Muchos vienen y yo veo que no están dispuestos a hacer nada. Entonces les digo: Contigo no puedo trabajar.

Tuve un caso así en Holanda. Vino a verme una mujer, diciéndome que su hijo era esquizofrénico. Yo le dije: No es un problema de tu hijo, en realidad, tú eres la esquizofrénica. Y entonces se enojó y yo dije: Bueno, pues interrumpiremos. Después de unas horas volvió y estaba cambiada. Ahora sí trabajé con ella.

Muchas veces se puede detectar de inmediato, si alguien traslada un problema a otro, si se enfrenta a una situación o si pretende utilizarme para su transferencia. La pregunta es: ¿Le está permitido confundirme? ¿Debo relacionarme con su definición? Eso sería pues la ratificación de la misión de su parte. ¿O puedo descubrir el juego y negarme?

Cuando alguien viene con una misión y usted la descubre ... igualmente él vino a verlo. ¿Quién sabe si las personas siempre tienen claro sus acciones?

Hay solamente una solución: Que yo insista en mi percepción, conserve mi responsabilidad, y, claro está, asuma también mis eventuales equivocaciones. No hay otro camino para mí. Apenas se está operando uno sólo tiene el bisturí y él es quien deberá conducirlo. Por ese motivo, todas aquellas reflexiones acerca de lo que uno tendría que haber hecho de distinto, sólo aparentan estar al servicio del paciente. En realidad tienen un efecto grave. En este campo hay solamente una solución. Yo respeto al otro en lo que hace y también me respeto en lo que hago.

Sin embargo, con frecuencia usted intimida a mucha gente, con sus modos apodícticos.

Si yo me pusiera al servicio de esas personas para satisfacerlas, entonces ya no sería quien soy. Son exigencias que me obligarían a actuar contra mis más íntimas convicciones para caerle en gracia a alguien. No estoy dispuesto a hacerlo.

¿Qué haría usted si alguien viniera y le dijera: Quiero una constelación familiar – nada más?

Yo diría que por ahora yo no lo estoy haciendo. Que me quieren usar. El terapeuta se mueve en un plano más allá de la prestación de servicios.

Yo vengo en el contexto terapéutico, pago y pretendo una prestación.

Es decir, que ¿más vale que me prestes atención durante una hora, porque yo pago? Esto tergiversa todo. El que paga va al control y dice: Ahora hazlo como yo quiero. Entonces deja de existir la terapia y también el respeto.

    El terapeuta tiene puesta su mira en algo más – por ejemplo, la familia del paciente. Con ello todo cambia inmediatamente.

¿Por eso va a verlo a usted, porque sabe que usted trabaja así?

Muchos vienen, porque quieren ver confirmado su problema y también porque quieren escuchar que no se puede resolver. Por ejemplo, muchos enfermos de cáncer tienen esta postura en su alma. Quien se vincula con este deseo secreto no está en el amor.

"Yo no trabajo contra resistencias"

La interrupción

Dado que un paciente observa la constelación, muchas veces se minimizan las resistencias contra las modificaciones.

Algo a lo que hasta el momento no se había estado atento, asoma a la luz. Con ello le muestro al paciente algo importante. Recién entonces se verá si presenta resistencias o no. Si él ofrece resistencia, entonces yo interrumpo, porque no necesito avanzar contra su resistencia. Si el paciente lo ve, pero internamente aún no está preparado para hacerlo o porque su sistema internamente no le permite hacerlo, yo lo respeto y no continúo.

¿Es decir que la interrupción no es un castigo para el paciente, sino que es una intervención?

Exactamente.

A veces la impresión es otra.

Esa no es mi intención.

Una paciente en Berlín dijo después de una constelación: "Ese no era mi problema". Usted contestó: "Respecto de semejante constelación – qué banal".

Volví a ver esa intervención en una videograbación; lo que yo hice fue absolutamente correcto. Ella pretendía llevarme a un carril secundario. Se trataba de una gran constelación de rusos y alemanes. Porque yo había traído algo a la luz ella se vengó diciendo que ese no había sido su problema. Fue parte de un juego.

También se podría decir que usted se excedió en su misión, que usted avanzó más de lo que la paciente pudo acompañarlo. ¿Qué sentido tiene para una paciente, cuando ya no puede seguir una constelación?

En Berlín se trataba del padre de esta señora. Él se había suicidado. Se había casado con la mujer de su amigo que había caído en la guerra y siguió los pasos de su amigo. Y detrás había victimarios. La constelación demostró que la paciente estaba absorbida por algo muy profundo, por ejemplo que solamente pudo tener a su padre porque el amigo había muerto. Y después dijo: "Ay, ese no era mi problema," pese a que la constelación había revelado algo muy significativo para ella.

También podría decirse que no supo o no quiso comprenderlo – el mensaje no llegó, aunque fuese profundo.

En aquella constelación yo hice algo muy conmovedor para todo el grupo y para el sistema de ella, quien lo aprehendió y preguntó: "¿Pero dónde estoy yo en todo esto?"

¿En esos momentos la paciente solamente provee las palabras guía?

Sí, así fue.

Si yo me imagino que soy su paciente y lo viera a usted por un problema, pero después ni siquiera me doy por aludida, entonces esto sería grave para mí. Me sentiría usada.

Yo trabajo con el grupo íntegro. Ella pretendía tener todo para sí, sin considerar al grupo. Esto no puede ser – se lo puede ver desde diferentes aspectos. Pero ¿quién de todos los que me critican logra seguir la misión impuesta por el paciente y nada más?

"Estos conocimientos salvan vidas"

Usted suele ser muy crítico respecto de la psicología. Hace diez años ya había dicho que se entendía más como un maestro y, sin embargo, usted trabajó como terapeuta. Ahora dice de usted mismo que es un auxiliar que sirve a la vida. ¿Qué fue lo que cambió?

En realidad lo que yo estoy haciendo es una forma de cuidado de almas o mejor: cuidado de vidas. La psicoterapia define al paciente como un enfermo. Cuando alguien viene a verme y le ofrezco algo como ayuda de vida, no lo estoy tratando. Sobre la base de su ejemplo, yo digo algo sobre la vida. En ese sentido soy más como un maestro. Yo sé algo y lo trasmito. Muchas veces ninguno de los que allí escuchan está enfermo. Muchas veces nadie necesita psicoterapia.

Ellos reciben una orientación y pueden hacer con ella lo que quieran. A ellos no se los conduce a través de un proceso durante el cual trabaje largamente con ellos. También a partir de allí me es ajena esa "clarificación de la misión encomendada". Hay veces que sólo trabajo unos cinco minutos. Para eso no necesito que me encomienden una misión; pues implica un modelo que coarta.

Quiero trasmitirle a las personas qué las hace felices en la familia y en las relaciones y demuestro qué son los enredos y cómo actúan. Así les alivianó su situación a muchos.

Recibo tantos mensajes de padres reconfirmando lo diferente que es todo ahora. Cartas como: "En 1996 nos salvaste la vida a mí y a mi hijo". Los hice felices. Y a veces me pregunto, ¿cuántos de quienes me atacan hicieron felices a tantas personas como yo?

Me sorprende que usted de hecho formule esta pregunta.

Quiero ponerlo en su justo marco. Aquí no se trata tanto de mi persona. Este trabajo y estos conocimientos salvan vidas, han conducido a muchas personas a partir de un enredo de vuelta hacia la vida.

Lo que usted practica hoy, ¿sigue siendo psicoterapia?

No. Inicialmente las constelaciones familiares eran una forma de psicoterapia. También las he ofrecido para personas que estaban en busca de psicoterapia – con frecuencia para aquellas que estaban enfermas de cuerpo y alma. Las constelaciones familiares les ayudaron. Nuestra posición era: aquí está un paciente, un necesitado; y aquí está el terapeuta – así estábamos entrenados. Yo he constelado y he aprendido mucho sobre los ordenamientos y las relaciones en los sistemas y busqué soluciones. Eso trajo mucha bendición.

Entre tanto sé que los representantes son mucho más importantes de lo que habíamos pensado al comienzo. Están vinculados con un campo más amplio. Hay otra fuerza que aquí asume la conducción – es el movimiento del alma.

¿Qué significa esto para su relación con los pacientes?

Un ejemplo: Un paciente se queja de sus padres o se lamenta de lo terrible que fue su infancia. Originariamente sentíamos lástima por él y pensábamos: "Vamos a brindarle ayuda". Hoy sé que no hay nada terrible, si detrás está actuando una fuerza creadora. Es decir que veo esa situación filosóficamente y exijo lo mismo del paciente, que él lo enfoque de un modo diferente y diga: "Sea lo que fuere; gracias, lo acepto como una fuerza". ¿Cómo me estoy conduciendo aquí? No como un terapeuta, sino como un filósofo. Sin penas; al contrario, consiento lo que es o lo que fue. Así son liberadas las fuerzas. Esto es mucho más que psicoterapia.

Los cinco anillos del amor

Sobre los padres, la pubertad, la pareja y el arte de tomar para sí

Usted ha dado un seminario que trataba de los "Anillos del Amor". ¿Qué son esos anillos?

El primer anillo: los padres

El primer anillo comienza con el amor recíproco de nuestros padres como pareja. Ese amor nos generó a nosotros. Nos engendraron como su hijo o hija y nos aceptaron. Nos alimentaron, cuidaron, protegieron durante muchos años. Tomar con amor ese amor de ellos, es el primer anillo del amor. Él es el presupuesto para todo otro amor. ¿Cómo alguien debe saber amar más adelante a otros, si no vivió este amor? Este amor incluye que también amemos a los antepasados de nuestros padres. Porque nuestros padres en algún tiempo también fueron niños y tomaron de sus padres y abuelos lo que más tarde nos dieron a nosotros. También ellos a través de sus padres y abuelos eran parte de un destino especial, así como nosotros del destino de ellos. Asimismo, consentimos ese destino con amor. Ahora miramos con amor a nuestros padres y a nuestros antepasados y decimos con amor: "Gracias".
Este es el primer anillo del amor.

Meditación
para el primer anillo del amor

Cierro los ojos y me remonto a mi infancia. Miro hacia el comienzo de mi vida. El comienzo fue el amor de mis padres como hombre y mujer. Fueron atraídos mutuamente por un fuerte impulso, por algo grande que actuaba detrás de ellos. Yo miro lo grande que ha unido a mis padres y me inclino ante ello. Después miro a mis padres con agradecimiento y amor, cómo fueron uno y cómo yo surgí de esa unidad.

Luego mis padres me han estado esperando, con esperanza y con miedo por si todo iría bien. Y mi madre me dio a luz con dolor. Mis padres se miraron y se sorprendieron: ¿es este nuestro hijo? Y entonces dijeron: "Sí, tú eres nuestro niño y nosotros somos tus padres". Me dieron un nombre, me dieron su nombre y les decían a todos: "Este es nuestro niño". A partir de entonces pertenecí a esa familia. Yo tomo mi vida como miembro de esa familia.

Sea lo que fuere, lo que pudo haber sido difícil especialmente en mi infancia, la vida en sí misma no sufrió por eso. Estas dificultades pueden exigir mucho de mí. Pero si yo miro esas dificultades, por ejemplo haber sido abandonado o no conocer al padre, y yo lo consiento tal como fue, eso me hace ganar una fuerza especial. Entonces miro a mis padres y digo: "Lo esencial lo tengo de ustedes. Sea lo que fuere lo que ustedes además pudieran haber hecho y aún actuando con culpabilidad: yo reconozco que también eso pertenece a mi vida y lo consiento".

Yo siento en mi interior que yo soy mis padres; los conozco por dentro. Por ejemplo puedo imaginarme: ¿Dónde siento en mí a mi madre? ¿Dónde siento en mí a mi padre? ¿Quién de los dos está más adelante? ¿Quién de los dos está más atrás? Les permito a los dos pasar adelante y unirse en mí como mi padre y mi madre y permanecer juntos. Eso me produce alegría. Realmente los tengo en mí.

Sea lo que fuere, lo que pudo haber sucedido en mi infancia, yo digo que Sí a ello. Finalmente todo resultó bien y pude crecer bien sobre esa base. Además de mis padres hubo muchos otros que me ayudaron. Cuando, por ejemplo, no estaban mis padres, siempre estaba allí algún maestro o una tía. O alguien en la calle me preguntaba: ¿Estás bien, pequeño?, haciéndose cargo de mí y, por ejemplo, llevándome a casa. Yo los incluyo a todos junto a mis padres en mi alma y en mi corazón. Súbitamente siento una gran plenitud dentro de mí. Cuando tomo todo esto con amor, me siento pleno y en armonía. Este amor está en mí y se desarrolla en mí.

El segundo anillo: la infancia y la pubertad

El segundo anillo del amor es la infancia. Todo lo que mis padres me dieron, lo que pensaron en mí de día y por la noche, preguntándose: "¿Qué necesita el niño?", lo tomo de ellos con amor. Es increíble todo lo bueno que los padres dan a sus hijos e hijas. Los padres saben lo que les costó y lo que significa para ellos. Yo reconozco eso. Yo ahora consiento todo lo que sucedió en la infancia. También que mis padres no hayan advertido algunas cosas y que se hayan equivocado en otras, que algunas cosas hasta fueron una locura. Forma parte del todo. Yo crezco confrontándome con esta diversidad de desafíos, incluso con el pesar y el dolor, y con eso de tener que cumplir, consintiéndolo asimismo y tomándolo.

A veces el niño busca evitar el tomar y el agradecer, dando él por su lado. Pero muchas veces dan equivocadamente o dan en demasía, por ejemplo, cuando quieren asumir algo por sus padres, que no les corresponde por ser niños.

En ocasiones a un niño le resulta difícil tomar, porque lo que viene de los padres es tan grande que no puede devolver nada equivalente. Entonces prefiere tomar menos para no tener que compensar tanto.

¿Cómo lo sabe?

Lo he observado en cientos de constelaciones y en variaciones muy diferentes. Muchas veces los hijos no soportan lo pendiente respecto de los padres, especialmente cuando no saben que la efectiva compensación para con los padres es darle a otros, especialmente más adelante a los propios hijos. La sensación de no poder compensar es una de las fuerzas motoras que les posibilita a los hijos abandonar la casa paterna.

Los adolescentes frecuentemente se hacen del derecho a la separación a través del reproche. Es un modo barato de eludir la compensación que, sin embargo, les posibilita separarse de los padres. Cuando se sabe que la compensación es posible dando a otros, y cuando al cabo de cierto tiempo se torna irresistible para los hijos dar a los demás lo que ellos recibieron, entonces se separarán sin tener que recurrir al reproche hacia los padres. Así, conocen el camino de cómo deben conducirse con lo que recibieron y qué pueden hacer con ello. La ventaja aquí es que no tienen que rechazar nada de lo que los padres les dan. Pueden aceptarlo plenamente porque saben que lo darán a otros.

Jamás examiné la pubertad desde esta perspectiva. Pero es bastante convincente: los reproches y la acusación pertenecen al "juego compensatorio" de la conciencia. Pero la pubertad es también un proceso hormonal. Usted dijo que era un modo "barato". ¿Qué quiere decir con eso?

Usted ve el proceso de la adolescencia en el marco de nuestra cultura, donde es habitual que los hijos comiencen a criticar a sus padres. Hay culturas en las que absolutamente no es el caso, en las que no se compra la separación mediante reproches. Se trata de otra postura. Lo otro es barato, en tanto si acepto poco, debo dar poco. Tomando poco, haciendo reproches, rechazando el amor paterno, me hago posible la separación. Pero la misma se produce de un modo que empobrece a todos. Como niño crezco tomando.

Por un lado esto es convincente, por el otro hay allí un gran dedo moralizador: Vosotros, los hijos adolescentes, sed buenos. No digáis nada contra vuestros padres. Además suena un tanto desvalorizante, cuando usted dice "barato". También tiene sus motivos, si los hijos adolescentes no pueden hacerlo.

Tome usted la palabra "barato" literalmente: cuesta poco. Es poco lo que se toma y es poco lo que más adelante hay disponible. Si tomo mucho, me cuesta mucho, porque no puedo quedarme con ello. Yo debo continuar dando y eso es costoso, pero también hay algo. En el niño que se niega a tomar, hay poco. Pero usted puede tranquilamente estar molesta por lo de "barato".

Yo lo percibo con algo más de complejidad: ¿No es una tarea de los padres la de evitar que los hijos no puedan escaparse tan "baratamente"? He observado en mí misma que la natural falta de comunicación que los adolescentes exhiben, ha pasado sin dejarme excesivamente preocupada. Las madres muchas veces dicen: ¿Pero qué ha pasado con mi tierno niñito? Porque ellas algo habían estado recibiendo y, por lo pronto, ahora no reciben nada. Entonces, los padres comienzan una pubertad, enojándose con sus hijos porque estos ya no se ocupan, ya no les obedecen, desarrollan otras ideas ordenadoras. Es decir que la pubertad de los hijos me confronta con mi propio "infantilismo". Ya no se "ocupan" de mí, dándome siempre la razón. Los hijos también nos hacen ver aquellos aspectos en los que aún no somos adultos. La crítica de los hijos hacia los padres muchas veces pone el dedo en esa misma llaga. Los hijos son muy perspicaces en ese sentido – ellos mismos están ocupados con eso de hacerse adultos, y ahora los padres frecuentemente ya no están en condiciones de ponerle límites a los hijos – es decir, que en ese momento ellos niegan el "dar" paterno, porque ellos mismos reaccionan infantilmente.

Por ejemplo, mi hijo no habla conmigo durante todo el día – sabe Dios por qué. A veces lo relaciono conmigo, me siento no considerada suficientemente, es decir, son sentimientos infantiles. A la noche viene y me dice: "¿Mamá, me haces un masaje en los pies?". Levemente pubertaria yo podría pensar: Eso es lo que falta, que yo le sirva después de que él me trata así. Desde una postura adulta yo tiendo a pensar: Maravilloso, hay un contacto con mi hijo. Esto es lo que yo ahora le puedo dar y lo que él puede tomar. También los padres caen en una corriente pubertaria.

¿La pubertad no se desarrolla "recíprocamente"?

Ambos se separan, los padres y los hijos. Muchos no saben que existe una foma de compensación que supera las generaciones. Apenas uno sepa que no necesita devolver tanto, sino que puede darlo a otros más adelante, el alma se descarga. Entonces los hijos pueden decirle a los padres: "Venga esto, yo acepto todo."

Recién cuando haya atravesado plenamente este segundo anillo del amor, soy capaz de mantener una relación de pareja sustentable. La mayoría de los problemas y las dificultades en relaciones posteriores se deben a que no se completaron el primer y el segundo anillo del amor. Entonces hay que volver allí y recuperar lo faltante.

Meditación
para el segundo anillo del amor

Cierro los ojos y me concentro. Después retorno paso a paso hasta la infancia, como si estuviera bajando por una escalera, paso a paso. Quizás atraviese situaciones en las que sienta dolor o que me inquieten. Me detengo en ese punto hasta que aparezca una imagen de lo que sucedió entonces. Muchos traumas de la temprana infancia están vinculados a situaciones en las que nos dejaron solos o en las que no pudimos ir adonde queríamos o debíamos ir.

Ahora me imagino a este niño, es decir yo mismo, y miro a la madre. Siento mi amor hacia ella y cómo yo quiero acercármele. La miro a los ojos y digo sencillamente: "Por favor". Ahora algo se mueve en la imagen interior, tanto en la madre como en mí. Tal vez ahora se me aproxime un paso y yo me animo a dar un paso hacia ella. Me expongo a ello hasta llegar internamente a destino, hasta distenderme en los brazos de mi madre. Entonces la miro y digo: "Gracias".

Esto es un proceso interno, pero no se debe hacer demasiado a un tiempo. Ya en la primera vez hay algo que se resuelve en el alma. Otro día puedo hacer lo mismo nuevamente. Otra vez bajo las escaleras volviendo a la infancia y llego quizás a una situación más temprana aún. De nuevo se trate tal vez del movimiento de apertura hacia la madre. Luego espero unos días y repito todo – hasta que haya superado todo y haya arribado totalmente junto a mi madre.

La mayoría de las veces las personas lamentan todo lo que de pequeños se han perdido y no han podido obtener. Hasta llegan a amargarse. ¿Qué consecuencias tiene eso?

Todo lo que yo lamento, lo estoy excluyendo. Todo lo que acuso, lo estoy excluyendo. A cada persona que despierta mi enojo, la estoy excluyendo. Cada situación en la que me siento culpable, la estoy excluyendo. Y yo estoy empobreciendo cada vez más.

El camino inverso sería:

Todo lo que yo lamento, lo miro y digo: Sí, así fue y lo incorporo en mí con todo el desafío que representa para mí. Yo digo: Algo haré contigo. Ahora te tomo como mi amigo o mi amiga, sea como fuere.

Miro todo por lo que yo haya acusado a alguien, y digo: Sí. Miro a mi alrededor, para ver cómo obtengo de otro modo aquello que me perdí y miro qué fuerza tengo para lograrlo yo mismo, sin que se lo pida a otro. Después incorporo la situación en mí y ella se transforma en fuerza. Lo mismo es válido para las culpas personales, que todos queremos negar y echar. Las miro y digo: Sí. Las culpas tienen consecuencias y yo consiento esas consecuencias, transformándolas en algo. Las culpas se transforman en fuerzas y, de esta manera, también crezco.

Es decir, que el movimiento básico es siempre el mismo: en lugar de excluir – incorporar.

Exactamente. He incorporando como fuerza y, al respecto, hay una observación sorprendente. Cuando incorporo lo que había rechazado o lo que es doloroso, lo que me genera culpas o por lo que me siento injustamente tratado, lo que fuese, no todo cabe en mí cuando lo incorporo. Hay algo que permanece fuera. Yo consentí plenamente, pero lo que se internaliza en mí, es sólo la fuerza. Lo demás simplemente queda fuera y no me infecta. Al contrario: me desinfecta, purifica. La escoria queda fuera y las brasas penetran en el corazón.

¿Qué obstaculiza la acción de tomar?

Que yo no soporte lo que les pesa a los padres y quiera ayudarles aún siendo niño y me inmiscuyo, elevándome por encima de ellos. Aquí sería pertinente el mismo ejercicio, mirando yo a mis padres con todo lo que les pesa, con su enredo, con sus pérdidas, con su adicción, su enfermedad. Advierto lo que para mis padres todo esto significa en materia de fuerza, cuando ellos lo consienten. Así, como lo hice anteriormente conmigo, cuando lo incorporé en mí, yo veo: ¿Qué pasaría si los padres incorporaran lo que les pesa? ¿Y qué pasaría si yo lo hiciera en su lugar?

De este modo puedo imaginarme que mis padres consienten lo que les pesa; les pertenece tanto como sus enredos. Yo veo sus enredos desde alguna distancia y desde abajo – como un niño. Entonces mis padres siguen siendo plenamente mis padres. No necesito hacerme cargo de nada de lo que les pertenece exclusivamente a ellos. Eso queda fuera de mí, porque puede permanecer con mis padres.

¿Qué sucede con el nene de mamá y la nena de papá?

Ambos se posicionan entre la madre y el padre. Para ellos hay una solución simple. La hija dice al padre: "Para eso soy demasiado chica" y el hijo dice a la madre: "Para eso soy demasiado chico". Después se imaginan que se retiran y ahora el padre y la madre se miran directamente. Tal vez vuelvan a encontrarse de una nueva manera, porque ya nadie se encuentra entre ellos.

Este también es un ejercicio que puede hacerse: Cuando sé que soy la nena de papá lo miro guiñándole un ojo: "Yo sólo soy tu hija, para lo demás soy demasiado chica". Lo mismo hace el nene de mamá con su madre. La mira y dice: "Yo sólo tu hijo, para lo demás soy demasiado chico". Sorprendentemente es un alivio para todos, también para los padres.

El tercer anillo: dar y tomar

Entonces llegamos al tercer anillo. Lo primero que aquí tengo escrito es: dar y tomar. No dar para recibir, sino dar y tomar.

El adulto puede tanto dar como tomar.

¿Por qué él y no el "niño adulto"?

Es más fácil dar que tomar, porque al dar puedo sentirme superior. Si tomo, me integro como uno entre varios.

Hay personas que solamente toman.

Depende de la forma en que se toma. Si yo exijo, entonces eso no es tomar. Cuando tomo lo que el otro me regala, me estoy mostrando necesitado.
En la Biblia dice que dar es mejor que tomar, y esto es así, porque al dar uno se siente grande y superior.

¿Es decir, que usted no asume esta cita como una pauta moralista, sino como una interpretación del trasfondo de la acción de dar? Entonces hace generaciones que hemos caído en un grandioso malentendido.

Tiene grandeza tomar el amor como uno entre varios. Si yo puedo tomar así, también puedo dar. Dar se inicia con tomar correctamente.

En las relaciones adultas, la clave radica en que ambos puedan tomar recíprocamente en la misma medida. Esta es la compensación más importante. No que den en la misma medida, sino que tomen en la misma medida. El tomar recíprocamente es lo más difícil y une de la manera más profunda, porque ambos están en una posición necesitada. Eso une.

Saber tomar tiene mucho que ver con la entrega y la entrega solamente funciona sin un control. Pero también hay personas que dan constantemente, porque quieren obtener algo. Ellas dan para tomar. Ellas dan y dan y dan, pero no saben tomar realmente.

Dando, ellas alimentan una expectativa. Y ante todo: ellas reconocen poco a los demás; porque se sienten mejores y permanecen en una posición de superioridad.

Después están aquellos, que siempre hacen alguna crítica cuando reciben algo. Nunca los regalos son suficientemente buenos. Esto es muy común entre hombres y mujeres.

Allí queda demostrado que tomar es un arte elevado. Se trata de tomar valorando. He aquí el arte.

Dicho en lenguaje sencillo, ¿esto significa que debería tomar todo lo que pueda recibir, aún cuando no represente lo que me había imaginado? Creo que cada uno podría escribir un libro propio con sátiras acerca de esas situaciones embarazosas, amargas y desilusionantes, cuando las personas se hacen regalos y esos obsequios fracasan, porque no son suficientemente buenos o porque habíamos deseado otra cosa. Recuerdo con vergüenza, que he rechazado, cambiado, regalado o devuelto obsequios de mi esposo.

Todo tiene algo valioso y cuando alguien me regala algo, me quiere hacer un bien. Y yo lo tomo así, porque él me lo da. En ese momento, todo lo que él me da se torna valioso. Se va modificando y repentinamente lo aprecio: "Esto también para mí tiene algo lindo". Eso es tomar.

Como adultos damos sin la expectativa de que el otro deba darnos algo que no puede dar. En esta postura se ganan las fuerzas para la propia paternidad. En ella concluye el tomar. Allí comienza el dar a otros, el intercambio a través de las generaciones. Este es el tercer anillo.

Cuando ambos, el hombre y la mujer, hayan tomado plenamente a sus padres y se transformen en una pareja, ellos rebalsan de lo que proviene de sus padres y se van dando mutuamente a partir de tanta plenitud. Pero la experiencia indica que no siempre se logra.

Meditación
para el tercer anillo del amor

Yo estoy frente a mi pareja y miro primero a mis padres a mi derecha. Paso nuevamente por aquel proceso de tomar el amor de mis padres. Mi pareja está delante de mí y asímismo mira primero a sus padres a su derecha y atraviesa el mismo proceso de tomar el amor de sus padres. Luego de haber mirado a mis padres y mis antepasados miro hacia sus padres y sus ancestros. Veo todo lo que le han dado y como eso lo enriqueció. De repente, algo cambia en nuestra relación, porque me parece ser diferente. Eso es porque también aflora en él el amor de sus padres.

Al mismo tiempo veo también lo que le pesa, lo que ha sido impedimento, lo que le ha sucedido. Ahora lo veo como algo que él incorpora en sí como fuerza y lo que tanto parecía pesarle, queda fuera. Yo hago lo mismo con lo que me pesa a mí. Entonces volvemos a mirarnos a los ojos y le digo, Sí a él y él mi dice Sí a mí. Y ambos nos decimos: ahora estamos preparados el uno para el otro.

Segunda meditación
para el segundo anillo del amor

Más adelante la pareja tiene un hijo. La mujer toma el hijo del hombre y el hombre toma el hijo de la mujer y ambos dicen: "Nuestro hijo". Se ven en el niño como parte de algo más grande. Ellos siempre conforman tan sólo una parte del niño. Se ejercitan para ver en todo también al otro y consentirlo.

Yo miro a este nuestro niño y veo detrás de él a mi pareja y detrás de mi pareja todo lo especial de su familia y lo tomo en mi corazón como algo equivalente. En este momento el niño es equivalente para ambos y puede vincularse con ambos padres del mismo modo. Decimos a la pareja: "Es nuestro hijo, con tu parte de padre y con mi parte de madre". Así enriquecemos a nuestro hijo y nuestra relación.

¿Cómo es cuando una pareja se ha separado y tiene hijos?

La mayoría de las separaciones se produce porque una parte se ha retrotraído a su familia de origen. Se retrajo porque hay algo que no tomó o porque se inmiscuyó, por ejemplo, no dejándole a los padres el destino que les pertenece.

Muchas separaciones suceden porque una parte está desilusionada. Las expectativas respecto de la pareja frecuentemente son las expectativas que de niño tuve respecto de mis padres y espero que él pueda cumplirlas posteriormente. Pero él no lo hace, tampoco puede hacerlo. Así, él me provoca una desilusión y a partir de esa desilusión yo me separo de él. Esto es un patrón de separación. Aquí ayuda el ejercicio de tomar primero a mis padres; entonces ya no tengo que esperar eso de mi pareja. La relación entonces será más realista.

Pero hay algo más que puede provocar las separaciones. Existe un crecimiento personal, un destino personal. Puede ser que una parte siga un camino de desarrollo que es importante para él o ella y la otra parte ve que este no es su propio camino, que tiene otro camino. Entonces, consiento su camino y consiento mi camino y ambos nos permitimos transitar nuestros respectivos caminos. En ocasiones este también es un motivo para una separación. Pero es una separación con amor. La pareja puede decirse recíprocamente: "Yo te amo y amo aquello que nos guía a ti y a mí". Es una frase profunda. Si después viene la separación, será más fácil para ambos. Pero frecuentemente es una sola parte que dice esa frase y la otra está en contra. Entonces yo le digo: "Te enfrento a mi crecimiento".

¿A ti y a los niños?

A los niños no. A los niños se les dice: siempre estaré con ustedes. Un crecimiento separado de los niños no puede ser un crecimiento. Eso solamente existe como una gran excepción. Se les puede decir: "Los confronto con que me separo de vuestra madre, vuestro padre, pero ambos siempre estaremos para ustedes". Es difícil para los niños, pero es una posibilidad de crecimiento para todos, si se hace de este modo. Además todos quedarán unidos entre sí.

El cuarto y quinto anillo del amor: el consentimiento con todas las personas y el mundo

Los primeros tres anillos se relacionan con la conciencia, con la necesidad de compensación. ¿Cómo el cuarto anillo trata el saber dar y el saber tomar?

El cuarto anillo está más allá de la buena o mala conciencia. En este anillo yo consiento a todas las personas de mi familia, tal y como son, también a las excluidas y a las execradas. Aquí se trata de la plenitud interior. Quiere decir que todos los que pertenecen a mi familia tendrán un lugar en mi alma, aún aquellos que fueron rechazados, despreciados y olvidados. Sin ellos me percibo incompleto en mi alma y en mi cuerpo. Recién cuando los incluyo en mi alma y en mi amor me siento pleno e íntegro.

El mismo movimiento en el que incluyo, en mi amor, a lo que hasta ahora he excluido, temido o rechazado, lo extiendo a todas las demás personas. Este es el quinto anillo del amor.

El quinto anillo del amor se orienta hacia la humanidad, hacia el mundo propiamente dicho. Aquí se trata del consentimiento al mundo tal como es. Por ejemplo, esto se relaciona con la capacidad de reconciliación entre los pueblos. Es el amor global que sabe que somos conducidos por fuerzas superiores.

¿Qué imagen del ser humano está tras estos anillos del amor?

Para mí todos los seres humanos son buenos. Cada uno sólo es, tal como puede ser. Nadie puede ser distinto de lo que es en su situación. Por eso, me dirijo a todos con el mismo respeto. Esta postura y este proceder es un esfuerzo del alma propia. Nadie puede dispensar al otro de este esfuerzo. Muchos de los que buscan ayuda, quieren ayuda sin su esfuerzo. Pero, cuando experimentan a partir de sí mismos, cuánta alegría brinda ese esfuerzo, entonces a través de este nuevo conocimiento se les abre una nueva posibilidad de moverse en la vida. Pero siempre será a través de un conocimiento. La emoción del amor presenta poco conocimiento y mientras permanezco inmerso en la emoción del amor, sucede poco y seguiré atado. En el cuarto y quinto anillo del amor yo trasciendo esa estrechez hacia un plano espiritual.

"Quien puede alegrarse de su madre, gana"

Sobre de la felicidad y la alegría

¿Eso hace feliz?

La felicidad nos es obsequiada. La felicidad siempre proviene de una relación y la pregunta es: ¿De qué modo nos relacionamos para ser felices? Somos felices si nos alegramos de una relación. Ninguna relación posterior resultará, si la anterior no resultó. Toda relación comienza con la madre. La mayoría de los problemas se producen si hay algo que no resultó pleno. La alegría comienza con la madre. La mayor felicidad para un niño es la de estar con la madre; es la felicidad primaria. Naturalmente más adelante deberá estar con otras personas. Pero no importa. Se puede llevar consigo la felicidad primaria. Después habrá más distancia, pero lo sustancial fue mirar a la madre a los ojos y decir: "Sí, me alegra que seas mi madre. Es para mí lo más hermoso, que tú seas mi madre".

¿Y el padre?

El padre se agrega, claro está. Pero la felicidad se inicia con la madre. Padre y madre no están aquí en un mismo plano. Aquí hay una pendiente y el padre lo sabe. Pero él no tiene por qué estar celoso, ya que con él y su madre sucede lo mismo. Quien puede alegrarse de su madre, gana.

¿Es esta su receta para la felicidad?

Si usted así lo quiere. Es el modo en que se nos presenta la plenitud de la vida y de la felicidad. Es la base de toda felicidad posterior. Es también la base del amor por la naturaleza. Por así decirlo, la naturaleza es la gran madre.

El niño pequeño permite que todo penetre en su alma. Allí no hay resistencias. Recién después se presentan las resistencias.

Ahora bien, respecto de la felicidad hice una importante observación en mí mismo. Cuando incorporo a mi madre o a mi padre completamente en mí, sin objeción alguna – "Tú eres mi madre, así te tomo", "Tú eres mi padre, así te tomo"– entonces se instala toda la plenitud de los padres en mi alma. Yo no incorporo algo de mis padres en mí, sino que incorporo a mis padres en mí, con todo lo que con ellos viene. Y lo que yo pensaba que no era bueno, queda fuera – es muy sorprendente. Con la persona entra solamente lo bueno de ella – nada más.

Durante mi capacitación de terapia corporal hicimos un ejercicio que recuerdo en especial: Primero debíamos imaginarnos nuestros padres de niños bailando tomados de nuestras manos. Después de adultos cuando se encontraron. Después se trataba de integrar a los padres en nuestro propio cuerpo e imaginarnos cómo llegan a través de nuestras vísceras al corazón. Debíamos preparar un espacio para los padres en nuestro corazón en el cual hacen el amor y nos engendran. ¿Es este un cuadro de lo que usted quiere expresar?

Esta es una bella imagen.

¿A quién exactamente debo tomar? A la madre que me abandonó, al padre que golpea a la madre? Estoy imaginando una alcohólica totalmente descuidada, que jamás se ocupó de su hija. ¿A quién debo tomar? ¿A la madre ideal, tal como podría ser? ¿A aquella faceta de la madre que viví como buena y nutriente?

Yo tomo a la madre y al padre como personas – esta es una importante diferenciación; no tomo lo que me dan o me niegan. Esto aquí no interesa. Es a la persona, la que yo estoy tomando. Tomando a la persona, tendré su plenitud en mí.

¿No es esta una idealización colosal de lo maternal y lo paternal? Cargan así con una responsabilidad casi sobrehumana.

Yo afirmo que en el 80 por ciento de las personas que asisten a terapia está perturbado el vínculo con la madre y que la terapia propiamente dicha finalmente une al paciente con su madre.

¿Qué sucede si no se logra este contacto con la madre?

Entonces esa persona está perdida y tampoco podrá iniciar ninguna relación.

Esto suena terrible. "Perdida", "ninguna relación"– esto es todo o nada. ¿Y qué pasa con el padre?

Muchos problemas de los niños también se producen porque no pueden acceder al padre. Solamente la madre puede abrir el camino al padre, con lo cual tiene un poder tremendo. Pero nadie más puede franquear el camino al padre.

No lo entiendo. ¿Qué quiere decir con esto?

Que en el niño la madre ama al padre, tal como lo hiciera originariamente. Su frase sería entonces: "Me alegro que seas como él". El niño sabe entonces: ella se alegra cuando voy hacia mi padre. Esto al niño le abre el camino y él gana una fuerza especial. Y ante todo, amará mucho más a su madre que antes.

Es decir que el punto de giro y el pivote es la relación con la madre y excediendo la misma –aún estando separados los padres- su relación amable con el hombre. Hay muchas mujeres que después del divorcio les dicen a sus hijos, o al menos lo piensan, más bien menospreciando: "Por Dios, eres como tu padre". Esto confirma nuevamente que somos las mujeres las que más nos podemos equivocar.

Quisiera formularlo de otra forma: las mujeres tienen las mayores oportunidades.

"El padre ya no ha de luchar"

Sobre el distanciamiento del hijo

¿Supo del reciente fallo de la Corte Constitucional Federal en el sentido que aquellos hombres que dudan de su paternidad no pueden hacer un análisis genético a espaldas de la mujer? ¿Qué opina al respecto?

La idea de que eso protege a la familia es curiosa.

Se pretende proteger el derecho personal del niño, dicen.

Y el derecho personal de la mujer contra la verdad. Esto es una gran injusticia contra todos. Es una idea demencial, que además será ratificada por ley. Yo me pregunto, cómo le irá al niño más adelante.

¿Como niño ahijado?

Ante todo, cuando sabe: Ni siquiera es mi padre el que paga por mí. ¿Cómo le irá en el futuro; cómo les irá a sus hijos? No se piensa en absoluto en las consecuencias. El padre no tiene otro medio que el análisis para saber si es el padre. A veces hay que salir a luchar. Sería el último medio para obtener justicia.

¿Cómo puede hallar paz un hombre que es engañado de tal forma?

Le dice al niño: "Lo hago por ti". Entonces tendrá paz y es libre y conserva su dignidad.

Es un esfuerzo enorme.

Es un esfuerzo enorme, pero esa sería la solución.

En el caso inverso, también hay muchos hombres que no saben de su paternidad, siendo engañados en este sentido. A veces también son madres que pierden a sus hijos. Uno se va, se lleva a los hijos y los distancia del otro. A veces conscientemente, otras veces inconscientemente. Llega a un grado tal, que el hijo ya no quiere ver al otro progenitor y aquél que lo tiene lo apoya y hasta lo celebra.

El niño siempre se decide del modo que lo necesita quien tenga el poder sobre el niño. Es que no puede actuar distinto porque correría un riesgo. A los niños les irá mal y estarán enojados con su madre o con su padre, según quien provoque el distanciamiento. Quienes lo hacen, nada ganan con ello. Sin embargo, muchas veces no se ha completado el sufrimiento. Algunas cosas recién podrán cambiar cuando se haya sufrido lo suficiente.

Los padres que luchan contra el distanciamiento, con frecuencia sienten una gran desesperación. ¿Qué les dice a ellos?

Deben decirle al niño: "Debes saber que siempre estaré para ti, te pueda ver ahora o no. Yo sigo siendo tu padre y estoy para ti. Tú puedes confiar en mí". El niño estará tranquilo y el padre no tendrá que luchar más. Solamente deberá esperar. Al mismo tiempo dice: "Yo consiento a tu madre y consiento el destino que ella es para ti. Pese a todo ella es la adecuada para ti y yo siempre la respeto. También la respeto en ti, pase lo que pase. Puedes quedarte con tu madre mientras ella lo necesite y tú la necesites". Así el niño estará aliviado.

Pero usted mismo dice que es difícil para el niño. Qué peso para el niño. Es prácticamente un desafío luchar para evitar que el niño sufra.

No tiene sentido. Es difícil para el niño, no hay duda. Pero lo hará crecer. No sé sentir lástima por él. Apenas venga alguien de afuera y diga: "El pobre niño," será muy grave para el niño. El niño no es pobre, simplemente tiene esos padres y ambos –pase lo que pase– son su destino, su desafío, también su carga, hasta que lo consienta y crezca con ello y más allá de ello.

Esto les resulta muy difícil a la mayoría de los padres. Para algunos suena como fatalista: "¿Debo mirar, cómo le roban la infancia a mi hijo?", preguntan ellos y luchan.

La lucha los pone a un mismo nivel con la mujer. El niño termina molido entre ellos: ¿"¡El niño me pertenece!"? No, sino: Tú no me perteneces, tú *te* perteneces, pero yo soy tu padre. Yo no presento ninguna pretensión sobre ti, pero tú puedes tenerme. Para mí tú eres mi hijo y yo soy tu padre. Esto es una solución maravillosa y sencilla, buena para todos.

¿Y si les resulta tan difícil a los padres aceptar esta solución?

Entonces además le dicen al niño: "Aún debo decirte algo importante. Yo he amado mucho a tu madre".

Usted les exige mucho a las personas.

Esto es el amor, el amor verdadero.

"Yo honro a las madres a partir de un juicio filosófico"

Sobre los logros de madres y padres

¿Por qué honra usted tanto a las madres; es parte de su pasado católico?

Yo honro a las madres a partir de un juicio filosófico. Yo reparo en lo que significa ser una madre. Todas las madres han hecho lo decisivo de una manera perfecta. No existe mujer alguna que haya sido madre y no lo hiciera con perfección. De lo contrario no hubiese sido madre. Es decir que en lo determinante todas ellas son perfectas. Lo que viene después juega un papel subordinado.

Es tan claro, se requiere aquí amplitud de pensamiento, pero hay que volver a focalizar la vista. Lo más grandioso que existe, es naturalmente la vida. En la práctica terapéutica muchas veces esto se olvida. Tal vez el niño recibió una bofetada y lo recuerda, y eso se elabora – pero se deja de lado que recibió la vida en su plenitud de parte de la madre. Ninguna madre pudo quitar a su hijo algo de la vida y ninguna pudo sumarle algo. Ninguna fue mejor o peor. Como madres, todas las madres han sido perfectas. Es un bello pensamiento.

Naturalmente, pero la vida escribe otras historias.

Usted pide pues una postura cuasi religiosa hacia la madre y el padre – casi como los diez mandamientos: Tú debes honrar a tu madre y a tu padre. Y el hombre moderno ya no lo sabe y se opone a ello, porque tiene en la mira las conformaciones concretas de ser madre y ser padre, apuntando, equipado con el consciente crítico y el pensamiento y juicio autónomos, a las "bofetadas", que efectivamente a veces pueden ser muy dramáticas.

Es la verdad.

¿Una ventana hacia la verdad?

Yo he vuelto a abrir las ventanas para muchos. Todo aquello de lo que uno se ocupa en la psicoterapia parece tan secundario, comparado con este conocimiento tan esencial, que la vida, tal como nos fue dada en perfección por nuestros padres, es lo más grande. No existe una mayor armonía con la fuerza creadora originaria que el engendramiento.

Cualquiera puede seguir sus impulsos. Eso no es nada especial. En nuestro caso se trata del logro individual, no de lo que cualquiera puede. Cómo crece mi hijo, si es instruido, bello, inteligente y vivaz, eso ya pareciera ser más un logro individual.

Cualquiera puede engendrar, exactamente. No es nada especial, no obstante es lo máximo. Claro que las consecuencias exigen el gran logro. Pero solamente el nacimiento es un logro grandioso – por cierto, no puedo imaginar un logro mayor. Si bien no estoy habilitado para juzgarlo, porque es una experiencia que no me está dada. Pero, al menos visto desde afuera, es lo máximo. Y nada nos causa más alegría que un niño recién nacido.

"Dedos de una mano poderosa"

La relación entre víctimas y victimarios

Cuando por primera vez vi sus constelaciones, usted aún trabajaba con los victimarios nazis haciéndolos salir de la sala. Efectivamente usted los echaba dejándolos delante de la puerta. Usted entonces decía que los victimarios habían perdido su derecho de pertenencia.

Sí, yo pedí a un victimario asesino que deje la sala. A otros no.

Es decir que en las constelaciones familiares entonces aún no existía la idea de que a nivel del alma los victimarios y las víctimas forman parte de la familia.

Al comienzo estaba la experiencia: El victimario es atraído hacia su víctima. Él va hacia su víctima saliendo de la sala. En esa medida era apropiado. Más adelante quedó demostrado que la víctima, sea quien fuese, pertenece a la familia del victimario. El victimario ya no sale hacia su víctima; ahora la víctima es traída dentro.

Es decir que, al hacer que el victimario deje la sala, ¿también excluyó a la víctima, porque usted pensaba que no pertenecía al sistema familiar?

Durante un breve período lo hice de este modo, después me di cuenta que así no funcionaba.

¿Cómo se dio cuenta?

La primera vez que me percaté fue en un curso en Berna. Un hombre había desplegado a su familia. Después dijo: "Debo decir algo más: yo soy judío, pero nadie de mi familia fue muerto. Vivíamos en Suiza". Pero su madre se había suicidado y él mismo corría ese mismo riesgo. Se podía apreciar que profundamente en sus almas tanto su madre como él estaban identificados con las víctimas judías.

Entonces sencillamente desplegué a siete representantes de los judíos asesinados y a unos dos metros de distancia, a siete representantes de sus asesinos. Luego pedí a los representantes de las víctimas que giren hacia los victimarios y no intervine más. Se produjo un movimiento entre los victimarios y las víctimas. Los victimarios estaban embargados por un enorme dolor. Cuando las víctimas vieron eso extendieron sus manos hacia ellos y los abrazaron. Uno de los victimarios dijo: "Aquí hay sólo uno; quedan cientos ante quienes debo presentarme". De repente pudo verse, cómo en lo profundo los victimarios y las víctimas eran uno, vinculados por un profundo amor. ¿Cómo es esto posible? Tanto los victimarios como las víctimas podían ver que tras ellos había un poder superior y que todos estaban sometidos a él. Uno de los asesinos dijo: "Me siento como el dedo de una mano poderosa de un poder al que estoy entregado".

Fue esta la primera experiencia de este tipo. A partir de entonces ya no pude oponerme a los victimarios como si fueran diferentes o como si fueran monstruos y no estuvieran también impulsados por otro poder tras ellos.

"Recibo a todos los excluidos en mi corazón"

En torno del tema "victimarios y víctimas" el griterío contra su trabajo es muy fuerte. Se le reprocha que su corazón latiera más por los victimarios que por las víctimas.

Esto es cierto.

¿Habla usted en serio?

Sí, hablo en serio, porque ellos son los más excluidos. Si algo debo hacer por el sistema, entonces en primer término he de recibir en mi corazón a los más excluidos. Cada vez que alguien dice respecto de algún victimario en la familia: "Todo el mal que ese tipo causó ...", le doy un lugar en mi corazón. En mi alma los apartados inmediatamente se unen entre sí. Precisamente por el hecho de que yo incluya a los maldecidos, la constelación resulta. No podría trabajar de otro modo. Lo mismo si los padres son rechazados. No necesitamos mirar siempre a los asesinos – los rechazados inmediatamente ocupan un lugar en mi corazón. Siendo así, automáticamente estoy en una posición sistémica, desde la cual realmente puedo ayudar a todos.

En el marco de la moral corriente y como persona políticamente correcta se siente lástima, compasión con las víctimas, los débiles, los sometidos. A usted no le interesa el plano político, sino el alma. Con frecuencia eso se confunde o se tiende a malinterpretar.

El griterío es fuerte. ¿Quién grita? Grita quien niega los victimarios *en sí mismo*. Lo sorprendente es que en tanto las personas gritan, ellas mismas se transforman en victimarios. Y ni siquiera se dan cuenta.

A usted siempre se lo cita diciendo que Hitler habría generado grandes cosas. Muchos piensan: ¡Cómo puede decir eso!

Eso suena como si yo lo hubiese afirmado. Cualquiera puede ver qué pasó. Cualquiera puede ver que se generó algo grande que aún hoy tiene sus efectos.

Esto suena como si usted lo evaluara positivamente.

Yo no lo evalúo. Se dio vuelta algo y después todo fue distinto.

¿Qué quiere decir con eso? Que se "generó algo grande" puede aplicarse a toda la historia de la humanidad, pero Hitler hizo matar a millones.

La dificultad radica en que nosotros juzgamos moralmente un efecto. Sin embargo, se trata de poderes totalmente distintos. Estos poderes que mueven al mundo son absolutamente inmorales y nosotros los reducimos a nuestras ideas moralistas. ¿Qué cuenta entonces una vida? Absolutamente nada. ¡Esa autosuficiencia deja todo de lado!

Las grandes catástrofes, las grandes guerras, han provocado en el mundo una evolución de la conciencia. No interesa, si esto nos gusta o no, si lo consideramos bueno o no. Por supuesto que estos grandes movimientos no pueden ser desencadenados por un solo individuo. ¿Cómo alguien puede entusiasmar a toda una nación, si tras él no hay un movimiento que recibe su fuerza de algún lado?

Esto parece ser el punto de vista de un místico, para quien la moral no existe y tampoco los opuestos.

Es una contemplación filosófica, que observa los fenómenos y evalúa el resultado, y ve que tales movimientos no pueden ser causados por una sola persona.

Sólo un ejemplo: Dicen que Hitler había surgido como un orador y habría entusiasmado a todos. Y después, dicen, después de cada discurso habría quedado como colapsado. Yo lo veo así: que después de los discursos él se salía de un campo. Claro, porque ese campo durante el discurso no había sido su propio campo. De lo contrario, luego no podría haber quedado tan extenuado. ¿De dónde proviene ese campo? De otra parte. La palabra Dios aquí no es apropiada, porque daría a entender que él hubiera sido un profeta. Yo aquí utilizo el concepto para aquellos poderes que no comprendemos, que de algún modo deben actuar tras de nosotros.

Cuando lo escucho, oigo con oídos moralistas: "Lo grande es bueno y tuvo efectos; lo pequeño es malo y fracasó".

Esta forma de pensar me es totalmente ajena.

Una cosa es que en su plano filosófico desaparezcan diferenciaciones como "bueno" o "malo". Otra cosa muy distinta es decir públicamente en Alemania que Hitler era un enviado de Dios y eso invita a malentenderlo.

Todos estos grandes movimientos solamente pueden entenderse como movimientos divinos – más allá de toda moral.

"Las víctimas necesitan de un derecho de arraigo en nuestros corazones"

¿Dónde aparecen las víctimas en esta filosofía? Después de todo usted habla en Alemania siendo alemán. Esto es muy provocador.

Doy un ejemplo para demostrar en qué plano me aproximo a ellos. Con mi amigo polaco Zenon viajé en ferrocarril de Wroclaw a Cracovia. Él me había contado de Cracovia y que allí existía un gran barrio judío. Prácticamente todos los judíos de allí murieron. También Galitzia[16] quedó despoblada, porque mayoritariamente había estado habitada por judíos. Muchos de estos judíos hoy no tienen cabida en Polonia. Mi amigo comentó que mucha gente en Polonia pone excusas y dice: Se lo tienen merecido. Es decir que en Polonia el antisemitismo aún es muy poderoso.

Me imaginé la ciudad –Cracovia- y me pregunté: ¿Cómo estará la gente allí? Y después vi ante mi ojo interno un gran círculo alrededor de la ciudad formado por personas que quieren entrar y no les permiten hacerlo. Son los judíos que

---

[16] Región histórica en el cruce de las rutas hacia Polonia, Hungría, Silesia y la cuenca del río Oder. Siempre muy disputada, después de la II G.M. por el acuerdo de Potsdam de 1945 la región fue adjudicada a Polonia (occ.) y Ucrania (or.) [N.d.T.]

antes habían vivido allí y que también habían vivido en Galitzia. Están fuera, afuera de la ciudad. El último día de mi estadía en Cracovia fui al barrio judío. Todas las casas están intactas; Cracovia no fue destruida. La sinagoga aún está allí y los antiguos nombres en los negocios todavía están escritos en hebreo. Yo me expuse a esto. De repente, vi a los antiguos habitantes mirando por las ventanas. Los ojos se les secaron por las lágrimas derramadas.

¿Esta fue su imagen interna?

Esta fue mi imagen. Verdaderamente lo vi y lo sentí. Tanto me le había expuesto.

Ese mismo día fuimos a Katowice para una conferencia, un evento en una gran sala de la orquesta filarmónica. Muchos ya no podían ingresar, estaba repleta, había más de 1.000 personas. Les he contado de mi vivencia y les dije qué faltaba en el alma de muchos polacos, que debían hacer volver a todos aquellos judíos que antes vivían en Polonia y darles un lugar en su corazón. Entonces su alma sería increíblemente amplia.

También recorrí Silesia, una región muy desaprovechada. En la zona de la Alta Silesia hay muchas fábricas cerradas y la tierra es desértica. Aquí faltan los silesianos, simplemente faltan ellos. Es una pérdida inmensa para esta región, que los silesianos no estén más. Para mí, la política aquí no es relevante. No hay nada que modificar políticamente. Pero los silesianos todavía también pertenecen a Polonia.

¿Qué quiere decir con que pertenecen a Polonia?

En un plano espiritual. Todos aquellos, que ahora viven allí deben darle a esos silesianos, que se fueron de allí o fueron desplazados, un derecho de arraigo en sus almas. Así Polonia recibiría inmediatamente un increíble volumen de fuerza. Las personas en mis reuniones estaban muy abiertas en este aspecto. Ahora le dije cuál es mi posición frente a las víctimas.

¿Rige lo mismo también para Alemania?

Claro está.

¿Dónde? Pienso Berlín con su enorme y muy discutido monumento conmemorativo de Peter Eisenmann.

Los judíos necesitan de un derecho de arraigo en nuestro corazón. Aquellos que me atacan, no les dan realmente un espacio a los judíos. Ellos eluden esa confrontación, esa mirada, concentrándose en los victimarios. Al no darles a los judíos un lugar en su alma con amor y honor, son iguales a los victimarios.

"Yo me retiro de los victimarios"

¿Cómo sabe usted que aquellas personas que lo critican no le dan un lugar a los judíos?

Yo digo, darles un lugar en su corazón. Esto es distinto a dar grandes discursos o exigir monumentos.

Cuando estuve en Polonia y me expuse a eso, naturalmente vi también a los victimarios que cometieron todos esos hechos – y de todos los bandos. Los alemanes, los rusos, los propios polacos – todos. Sin embargo no debo ocuparme de ellos. Solamente unos realmente tienen el derecho de ocuparse de ellos y esos son las víctimas.

¿Qué quiere decir?

Lo que estoy diciendo. Yo me retiro de los victimarios. Yo honro a las víctimas como que, por un lado, son quienes tienen el derecho de confrontarse con los victimarios y, por el otro, no encuentran paz si no se han confrontado con estos victimarios y no se han encontrado ante Dios, sea lo que fuere nuestra idea de Él. Todos los que después se golpean el pecho y que aducen luchar por las víctimas, ¿realmente están del lado de las víctimas? ¿Realmente las honran?

¿Usted lo dice en sentido político o en un plano del alma?

Todo cambio en este aspecto se produce en el plano del alma y del espíritu. Recién cuando se reconozca esto, podrá actuar la política.

¿Significa que lo que usted está diciendo, pertenece a un contexto del alma, del espíritu?

Por un lado. No obstante, obviamente tiene consecuencias políticas. Si se reconociera que aquí están actuando movimientos más poderosos, entonces los alemanes también podrían decir, por ejemplo, que estuvieron dominados por ese movimiento poderoso. Entonces dejarían de juzgar y estarían a un mismo nivel con los victimarios.

¿Se trata verdaderamente de una manifestación política o más bien de una manifestación mística?

Todo comienza con el conocimiento.

---

[17] Joseph Goebbels (1897-1945), Ministro de Propaganda del Tercer Reich, organizador de la persecución a los judíos en la "noche de los cristales rotos" y de la "guerra total". Ante el avance soviético, hizo matar a sus 7 hijos y se suicidó con su esposa en el búnker de Hitler en Berlín. [N.d.T.]

"Yo veo a Hitler como hombre, sin perdonarle nada"

También Goebbels[17] dijo: "Mucho más allá de nuestra capacidad de comprensión, el hombre actúa como un instrumento de la historia, sin interesar si es o no consciente de ello".

Sí, es cierto.

Yo temí que usted asentiría. ¿En qué se diferencia su conocimiento del de un individuo como Joseph Goebbels?

Demuestra nuevamente que Goebbels no se sintió como un actor individual, sino como parte de un movimiento por el cual fue arrastrado. Pero no solamente Goebbels. Todo el pueblo alemán fue arrastrado. ¿En tal caso, quién sedujo a quién? ¿El führer[18] al pueblo o tal vez también el pueblo al führer?

¿Por qué le es importante esta pregunta?

Cuando uno se expone alguna vez a esa pregunta, se accede a un plano de humildad. Así como en la última frase de un poema de Wilfried Owen, "Strange meeting"[19], en el que un hombre que en la guerra el día anterior había acuchillado a un enemigo y que ahora también ha caído, llega al submundo. Los dos contrarios se miran a los ojos y se preguntan: "¿Qué fue todo esto y para qué? La frase final de este poema dice: "Let us sleep now" – "Déjanos dormir ahora". Entonces aquello pasará. La postura de que estamos inmersos en algo muy diferente de lo

---

[18] En alemán: conductor, líder, guía; título político por el que Hitler se hacía llamar. [N.d.T.]

[19] En inglés: "Encuentro extraño" [N.d.T.]

que en general pensamos, hace que seamos modestos, y que entonces se acaban las presuntuosidades. Entonces victimarios, víctimas, nazi o no, dejan de jugar un papel propio y en el marco de este movimiento histórico todos se encuentran en el mismo bote. Reconocer esto es a la postre un acto religioso.

Los ataques contra usted con frecuencia se desplazan en un plano político-ideológico. Lo que usted dice lo hace aparecer ante algunos ojos como "Hellinger, el marrón"[20] o hasta como un antisemita.

Yo he intentado invalidar esto; pero aquí se muestra lo que alguna vez he resumido en una frase reflexiva: el toro enceguece por su propia capa roja. La gente escucha "enviado de Dios" y todo está perdido. Se empacan en contra, sin tomarse el trabajo de consultar o de leer cuál es el trasfondo.

Por eso pregunto nuevamente por el contexto. Las personas que durante largo tiempo se ocupan de las consecuencias y cuestiones espirituales que el período nazi dejó en las almas de las personas, interpretan sus conceptos sobre Hitler de un modo distinto a como lo hacen quienes se comprometen políticamente por las víctimas. ¿Por qué lanza usted esas frases al espacio público de una universidad, donde no hay cabida para procesos del alma y digresiones filosóficas? Es provocador.

¿Quién necesita esos conocimientos?

El de la capa roja igualmente no los puede ver.

Si hablo al respecto, algo se pondrá en movimiento y no hacia una solución. Sin embargo la complacencia con la que

---

[20] El uniforme partidario del partido nacionalsocialista era de color marrón. [N.d.T.]

algunos se reclinan y dicen: "Cuán bueno soy", está algo perturbada.

¿Cómo llega a esa conclusión? Sospecho que con mayor razón aún ellos se sentirán confirmados y se transforman en inquisidores, a los que todo les resulta fácil.

Yo pienso, ¿qué estará pasando dentro de aquél que se opone a ello? Algo en su alma evidentemente fue tocado, de lo contrario eso no tendría que conmoverlo. En ese momento se topó con un problema personal del cual se está evadiendo. Pero básicamente no me preocupa lo que alguien hace con mis palabras, porque en ese instante perdería primero mi libertad y segundo mi perceptividad. ¿Por qué siempre debo estar mirando de reojo a alguien del cual temo que podría malinterpretar lo que digo?

Yo tampoco lo estoy diciendo como persona individual, sino en el marco de un movimiento. Yo lo digo como parte en un conflicto que debe ser resuelto y no reniego de ello.

¿Es usted un esclarecedor? Referido a usted mismo, quiero preguntarle: ¿Cuál es el efecto que logra con ello?

El efecto aún no está claro. Todavía está abierto. Todavía no se sabe.

Pero sí que hay efectos. En los centros de capacitación para adultos en Baviera ya nadie puede ofrecer constelaciones familiares. En Hamburgo la situación es similar. En Suiza el nombre de Hellinger integra una lista junto a la secta Moon. Todo el método de trabajo de las constelaciones está en tela de juicio, personas cancelan sus inscripciones en seminarios porque les da miedo. ¿Acaso no son efectos?

Es parte del conflicto. El efecto definitivo podrá apreciarse en 20 años y yo no permitiré que esos argumentos superficiales me desvíen.

Yo dije eso antes de la película "La Caída"[21]. Esta película realimentó nuevamente la discusión en un amplio espectro. Es sorprendente que los alemanes todavía sientan tanta fascinación por Hitler y cuán poco fue verdaderamente superado. En ese marco general yo realizo un aporte para movilizar ese campo y mostrar soluciones.

¿Usted vio "La Caída"?

No. Para mí es un capítulo concluido. Yo puedo ver a Hitler como hombre, sin perdonar nada. Y lo veo puesto al servicio dentro de lo que él hizo. Es llamativo y la película también parece mostrarlo: nadie supo sustraerse de Hitler. ¿No es increíble? Hasta el fin nadie pudo sustraérsele. Que Speer[22] aún lo visite en el búnker, que nadie se anime a contradecirle – allí parece estar actuando una poderosa fuerza a la que sucumbieron todos. Y que Hitler haya sobrevivido a esos tantos atentados, que todos hayan fracasado, me demuestra que ese movimiento debía continuar hasta el amargo final. Ahí actúan otras fuerzas. Pero no por eso debo ver la película.

Para usted, ¿qué prueba el hecho que tantas personas hayan visto esta película?

La fascinación y, ante todo, que todavía no está concluido. Quieren ver a Hitler como humano y esperan algo de eso. Allí está la fascinación.

---

[21] "Der Untergang", película alemana sobre los últimos días de la II G.M. en Berlín, producida en 2004 y dirigida por Oliver Hirschbiegel, con Bruno Ganz en el papel de Hitler. [N.d.T.]

[22] Albert Speer (1905 – 1981), arquitecto personal de Hitler, Ministro de Armamento y Munición de 1942 a 1945, condenado a 20 años de prisión por el Tribunal de Nuremberg. [N.d.T.]

¿Qué quiere decir exactamente?

Que hay algo irresuelto. Eso explica para mí la gran afluencia. También me indica cuán débiles son las bases de los demás argumentos en las almas de los alemanes. Más argumentos en las almas de los alemanes. Y luego esos torpes intentos, diciendo que no debe verse a Hitler como un ser humano. Es torpe, porque no está a la altura de este inmenso interés. Hay algo irresuelto. Yo hago mi aporte para verlo de este modo. No tengo por qué esconderme.

Le costó a usted muchas simpatías y trajo consigo mucho desconcierto.

Es parte del todo. Los desconcertados también están obligados a enfrentarse a ello. Yo no lo hago por ellos.

Muchas personas, también de su entorno más próximo hubieran deseado que usted se manifestara respecto de los ataques masivos y lesivos del honor.

Seguramente. Yo decidí no expresarme. Yo no dejo llevarme al plano de quienes me atacan. Es todo lo que diré al respecto.

¿Cuál es su sitio, cuando usted habla de que usted no lo decía como persona individual, sino como parte de un movimiento?

Yo vivo mi conocimiento como un regalo. Los efectos que generaron las constelaciones familiares no se remontan a mi iniciativa. Tampoco promuevo nada, ni hago propaganda. Eso se desenvuelve desde adentro a partir de una fuerza propia. Esa fuerza no es la mía. Y si escribo ese texto sobre Hitler como en el libro *Gottesgedanken* –"Pensamientos en Dios"-, también él emerge de un conocimiento.

"... entonces los cristianos clavaron a los judíos en la cruz"

Sobre antisemitismo, judíos y cristianos

¿Entonces usted también ve al antisemitismo como un poderoso movimiento? Pues efectivamente fue así – no solamente en Alemania.

El antisemitismo no es nada personal. Es un campo. Si somos precisos, se compone de dos campos. Del campo de los judíos, es decir las víctimas y del campo de los cristianos, es decir los victimarios. Estos campos no se unen, porque los judíos se mueven dentro de su campo como las víctimas y porque los cristianos se mueven dentro del suyo como victimarios. Y ambos con una negación. Muchos judíos no miran a las víctimas con amor y respeto.

¿Los judíos no miran a las víctimas? Pero, si ellos son víctimas.

Un ejemplo: Judíos de Israel con banderas azules y todo eso llegaron a Cracovia. No querían saber nada de los polacos, fueron a su hotel y destruyeron todo. Pareciera haber ocurrido varias veces, según me han informado. No tenían absolutamente ninguna compasión con las víctimas. Fueron allí para pelear con los demás. Estaban ciegos para con los judíos asesinados, que lloran en las ventanas, no se lamentan con ellos.

¿Cómo debían mirar a las víctimas? ¿Realmente nos corresponde preguntar así?

En el sentido que tomen a las víctimas en su corazón. Sin embargo hay muchos que miran a las víctimas de otra manera. Ellos dicen: Somos víctimas. Y miran a los victimarios como a los malos. No pueden hacer otra cosa dentro de ese campo, que siempre volver a recordar lo que pasó; pero no lo recuerdan con amor por las víctimas. Asimismo, es difícil relacionarse con esas personas, porque en su propio campo no están unidos con amor a las víctimas. Esa es mi imagen.

¿*Cómo es con los cristianos?*

El caso de los cristianos es igual, solamente a la inversa. Ellos no miran a los victimarios. No miran sobre lo que los cristianos les hicieron de la peor manera durante los últimos 2000 años. No se vinculan con los victimarios en el sentido de "También somos parte de ello. Estamos en el mismo bote, en el mismo campo. Si teníamos la misma antipatía por lo judíos que ustedes". Al igual que los judíos en su campo, no miran a las víctimas en el sentido de: "Estamos juntos en este campo". Si pudieran lograrlo, ganarían a partir de la relación con las víctimas la fuerza necesaria para salirse en cierto sentido de esa posición de víctimas. Del lado cristiano es igual. Los cristianos no miran a los victimarios en el sentido de reconocer que en muchos aspectos aún se mueven en el mismo campo.

Existen muchas investigaciones, libros, publicaciones – todo un proceso de elaboración crítica del antisemitismo. Hoy pertenece a la corrección política perseguir con la mayor dureza todo tipo de ideología victimaria. ¿Cómo puede decir entonces que los cristianos no miran a los victimarios? Se han confrontado con eso y el lema "el vientre es fértil aún ..." se transformó en parte de nuestro "pensar" y cultura políticos.

No miran a los victimarios en el sentido que reconozcan estar en el mismo bote y tener los mismos afectos. Hasta hoy esto se muestra muy abiertamente en el antisemitismo. Pero no solamente allí.

Todavía no lo comprendo del todo. Actualmente se está combatiendo fuertemente a este antisemitismo. Para que las personas ya no tengan esos mismos afectos. ¿Qué desea usted con relación a una solución?

Que los judíos se unan en su campo con las víctimas y los cristianos se unan en el suyo con los victimarios. Que los miren como personas, sin diferenciaciones y reconozcan: "Nosotros en este campo somos victimarios" o bien "Nosotros en este campo somos víctimas". Y si ahora ambos, judíos y cristianos, dieron este paso en sus campos, entonces podrán vincularse entre sí y encontrar una solución – recién cuando en su campo estén equiparados a sus iguales.

¿Es decir una forma de diálogo cristiano-judío?

Los diálogos habituales están en la superficie, no penetran hasta esa profundidad. Con esos diálogos se busca facilitar algo para los cristianos, sin que ellos reconozcan ser antisemitas.

¿Cómo sé que soy antisemita? ¿Cómo sabe si usted es antisemita? ¿Dónde comienza el antisemitismo?

¿Dónde comienza el antisemitismo? Con Jesús y Caifás, el sumo sacerdote. Hay allí un episodio clave. Jesús grita en la cruz: "¿Dios, por qué me has abandonado?". ¿Qué significa? Significa también: Dios ha justificado a los judíos.

Bien, Jesús se siente abandonado. ¿Qué tiene que ver eso con antisemitismo?

Jesús creyó que estaba en su derecho. También en lo que les hizo a los judíos. Él los puso en duda y se sintió del lado de Dios. Al reconocer que Dios lo abandonó, quiere decir que Dios estaba del lado de los judíos. Y entonces tiene que ir a ver a Caifás y decirle: Tú tenías razón. Y debe besarlo.

Caifás era el sumo sacerdote, que organizó la crucifixión de Jesús.

Aquí está la raíz de todo el antisemitismo. Recién cuando los cristianos hagan con Jesús ese camino a Caifás y reconozcan que Dios también estaba del lado de los judíos, recién cuando también lo realicemos internamente, entonces este conflicto puede resolverse. De modo que nadie debe poder decir: "Dios estaba de mi lado y no del otro" (esta es la raíz de toda la confrontación entre judíos y cristianos).

¿Qué tengo yo que ver con esto, al haber nacido después? No conozco a judíos, mis padres no eran nazis, si bien me educaron en el cristianismo, renuncié a la iglesia y tampoco voy a la iglesia – e igualmente usted me dice que formo parte?

Naturalmente usted forma parte.

Y usted dice que mientras no ejecute internamente ese proceso poniéndome conscientemente del lado de los victimarios, ...

... no, no del lado de los victimarios. Solamente debe reconocer que también usted está en el mismo campo. Nadie puede reclamar a Dios para sí, ni Jesús como víctima para sí y tampoco los judíos como victimarios para sí. Si uno hace esto, entonces Dios estará del lado del otro.

Aún no lo comprendí totalmente.

Jesús se sintió el enviado de Dios. Atacó a los judíos, por ejemplo, cuando se presentó en el templo y tumbó las mesas de los cambistas. Ocupó una posición externa y se creyó del lado de Dios. Reclamó a Dios para sí. Y se sintió mejor.

Pero lo que dijo conmovió a los hombres: fue un rebelde contra la pérdida de la fe.

Lo que dijo es maravilloso; para mí es grandioso. Pero aquí se trata del último plano, en el que nadie puede decir: Dios está de mi lado, o puedo esperar que esté de mi lado. Esta es la última consecuencia: Dios ni está del lado de las víctimas, ni está del lado de los victimarios; tampoco abandonó a los victimarios, ni abandonó a las víctimas. Se trata de un plano espiritual absolutamente distinto.

¿De quién puede partir la reconciliación?

El movimiento que le quite la raíz al antisemitismo debería partir de los cristianos y que reconozcan frente a los judíos: también ustedes están en su derecho; Dios no está de nuestro lado, sino de ambos lado. La reconciliación en un plano religioso se cumple entonces ante Dios. Recién entonces los cristianos podrán ver qué les hicieron a los judíos. Entonces es exactamente al revés, entonces los cristianos clavaron a los judíos en la cruz.

¿Para qué sirve eso?

Entonces los cristianos y los judíos podrán ver juntos todo lo terrible que sucedió entre ellos y decir: "¡Oh, Dios – todo lo que hemos hecho!" Ambas partes podrán ver lo irracional, el dolor y la sangre de estos 2.000 años. Después podrán ver juntos a Caifás y Jesús, juntos de un lado y juntos del otro lado. Y entonces, finalmente todo habrá pasado.

"En el amor estoy vinculado y soy libre"

Sobre la autonomía y la pubertad de los adultos

Lo que usted dice es y será para muchos un atrevimiento. Que nuestra percepción está condicionada por campos en los que nos movemos, que estamos "al servicio", que los movimientos son controlados por poderes superiores y ni siquiera nuestra conciencia es autónoma, sino que depende de la familia de la cual provenimos y del grupo en el que nos movemos. ¿Dónde quedan aquí la autonomía y la libertad? ¿Hasta dónde estamos condicionados? ¿Qué margen de acción tenemos? Estos son los puntos recurrentes en las permanentes discusiones acerca de la filosofía de Bert Hellinger. Se le opone que su imagen humana es fatalista y hasta totalitaria. Que los hombres hoy tendrían todas las posibilidades de planificar su vida de manera cooperativa y consciente. Y que los terapeutas existen para ayudar a los pacientes a eliminar de su camino lo que les impide llegar a eso.

¿Cuán autónomo es el sujeto en el mundo moderno?

¿Qué aporte realiza usted en pos de esa autonomía a través de su filosofía y las constelaciones familiares?

Desde el punto de vista filosófico la idea de autonomía es ridícula. Cada uno permanentemente depende de cada cual. Estamos marcados por nuestros padres y por un campo en el cual nos movemos. Los antepasados están presentes, los muertos están presentes, nuestros actos están presentes, todo está presente. Y nos movemos inmersos en todo eso. Si imagino que he decidido las cosas en mi vida, me siento pequeño. Pequeño e insignificante. Yo estoy incluido en esos grandes movimientos, en la serie ancestral, la familia y esa inclusión es independiente de mi libre voluntad.

Sencillamente estoy dentro y también yo muevo algo. En qué medida puedo atribuírmelo o no, me parece irrelevante.

El concepto de sujeto tiene dos caras. Sometimiento y autodeterminación. Usted recalca el punto de vista de estar dentro, inmerso, es decir del sometimiento, ridiculizando acaso la autonomía. Sin embargo todo el movimiento terapéutico de los años '70 apuntaba a esa libertad del individuo – Eric Berne alguna vez lo formuló exageradamente: "¿Qué te importa a ti que yo te ame?". ¿Tal vez entre nosotros como una reacción a la sociedad totalitaria, se exaltó demasiado la libertad del individuo en los últimos 40 años?

Yo no tengo opinión acerca de la autonomía o sobre libertad, sino que informo acerca de observaciones. En estos 15 años en los que hago constelaciones familiares no veo nada más de lo que estoy informando. También otros pueden observar y verificar cuánta libertad existe en el sistema familiar. Un buen ejemplo es la adopción: ¿Qué es autónomo y qué es libre en este caso? Nada fue autónomo, nada fue libre. Cualquier constelación demuestra que estamos integrados en un sistema.

La idea de la autonomía era revolucionaria. Sin ella el individuo moderno es impensable. Es asimismo la renuncia a la frase "Yo bailo al son de la música de quien me da de comer". La libertad de pensamiento, la libertad religiosa, todo tiene que ver con ello.

La idea de la autonomía pretende justificar una separación. Es decir que sirve para un determinado propósito. Por así decirlo es un lema político, es parte de una disputa que tiende a la liberación de una tutoría que está superada. En ese sentido sirve al propósito de aflojar apegos. En este aspecto la autonomía naturalmente tiene una firme inserción en la vida, pero apenas se generaliza, se desvirtúa. Ningún niño es autónomo frente a sus padres; esto no existe. Ninguna persona es autónoma frente a sus antepasados –otras culturas lo saben– o frente a la vida o a la muerte. Esto no existe.

La autonomía y la libertad tienen valía dentro de un determinado marco. Si en él cumplen una buena finalidad, entonces se las puede y debe apoyar. En ese sentido yo también me conduzco autónomamente, aún cuando a otros no les plazca. Esto es legítimo, no más. Pero no se es independiente y la autonomía y la libertad solamente son posibles cuando en otro aspecto no se es autónomo, sino que se participa, cuando se está al servicio de algo y se lo consiente.

Es coherente que dentro de los sistemas no nos movamos solamente según nuestra voluntad. Tal vez usted conozca ese interesante cortometraje "Balance": cinco o seis figuras humanas están sobre una bandeja de acero, cuyo centro apoya sobre una base. En el centro de la bandeja hay un cajón, los hombres están ubicados más hacia los bordes y dos de ellos algo hacia el centro, porque solamente así la bandeja está equilibrada. Entonces uno se mueve hacia el cajón y de inmediato también deben moverse los demás para no descolocarse, porque la bandeja toma una posición oblicua. Otro más se mueve y nuevamente también deben moverse todos los demás para poder conservar el equilibrio.

Es una película didáctica acerca de cómo se mueven los sistemas sociales. Usted mismo describió las tres dinámicas básicas: orden, vínculos y compensación. Es decir y para expresarlo resumidamente: Siempre donde convivan o trabajen personas, ellas actúan y colaboran para que el conjunto finalmente resulte un éxito o un enredo. A veces esto se interpreta que estas comunidades sistémicas son una invención suya, que usted quiere incluir forzadamente al individuo en algo, imponerle algo. En la película "Balance" se hacen visibles estas propiedades del sistema. Todos dependen de todos, aquí no interesa uno solo, sino siempre todos. En este sentido sistémico comprendo que usted subraye la limitación de nuestra autonomía.

Si por eso estamos todos al servicio de poderes superiores, es otra cuestión. Usted lo dice como un hombre que pronto cumplirá 80 años. A mis hijos de 20 años les interesa su libertad y autonomía.

Claro. Cuando vemos a los jóvenes, sus rostros, mirando a la vida con todas sus expectativas, es maravilloso presenciarlo. Naturalmente las cosas serán distintas, pero que tengan esa creencia, sencillamente es hermoso de ver. Forma parte de todo y por eso no tengo una idea de lo correcto y lo erróneo. La senda en línea recta no es creativa.

Ahora bien, hay naturalmente una diferencia entre decir: Todos estamos insertos, o si se dice: Yo soy autónomo e independiente. Y esto es esencial, al menos para ciertos pasos del desarrollo.

Es una zanahoria que se le muestra al burro, para que camine hacia adelante.

Cuando sean mayores y continúen diciendo: Yo soy autónomo y libre, ¿qué es distinto en ese caso?

Cuando dicen: "Yo soy autónomo y libre", ¿qué edad tienen en su espíritu, qué experiencia de vida tienen? Esto es pubertario, sencillamente pubertario. Allí encuadra, pero por lo demás no es válido.

Yo he visto personas que en sus actos y pensamientos están insertas en un campo y el campo determina qué percibimos y qué hacemos. Por supuesto que en ese marco tenemos un cierto margen. Pero que alguien pueda decidir libremente salirse de ese campo es una ilusión por la que muchas personas están sufriendo.

¿En qué sentido?

Cuando alguien dice: "Yo quiero ser libre", ¿qué hace con ello? Él afecta a alguien. La invocación de la libertad es el derecho de separarme de alguien o de negar una obligación. Por ejemplo, cuando alguien deja a sus hijos. En realidad esta libertad quiere decir que yo me sustraigo a un vínculo. En ese momento la respectiva persona está totalmente revertida sobre sí misma. ¿Entonces qué sucede con él en la libertad? Nada, absolutamente nada. No puede hacer nada con la libertad. Esta forma de libertad es completamente vacua. ¿Pues qué hace al cabo de un tiempo? Inicia una relación. No soporta esta forma de libertad. Porque la libertad implica estar con otros. Nadie puede estar sin otros. Es decir, que entonces establece una relación y la libertad desaparece. Ese tipo de libertad. Especialmente cuando se tienen hijos ya no se es libre en absoluto, pero se está pleno. En el marco de esa vinculación se es libre, se pueden hacer distintas cosas. Las personas pueden cocinar esto o aquello, seguir esta o aquella profesión, tener amigos – pues hay libertad dentro de esos límites. Y es una libertad que beneficia a todos. Cuando alguien dice: "No, yo quiero ser libre para mí", se sustrae del vínculo. Pero en el amor estoy vinculado y soy libre. Es esta la libertad relacionada, la otra es la libertad irrelacionada.

La autonomía subraya entonces al uno mismo fuera de la relación. Su libertad remarca el lado sistémico, el vínculo; pero también el vínculo necesita de sus delimitaciones o no?

Sí, por supuesto. Pero allí estamos en otro plano. Eso pertenece a la configuración de la relación que no cuestiona el vínculo.

"El entusiasmo tiene algo de ilusorio"

Sobre el entusiasmo y el recogimiento

¿Qué dificulta la delimitación a un nivel social? Ya hemos hablado acerca de los campos en los cuales estamos insertos de acuerdo con su visión. ¿Cómo juzga los movimientos sociales?

Yo lo aprecio a partir de sus efectos y miro qué sucede en las almas. Todos los que son tan entusiastas se despegan; es el caso de los sandinistas, por ejemplo. Ahora he estado en Nicaragua. De este movimiento entusiasta no resultó nada: Todos dicen: Al fin todo pasó y ahora comenzaremos de nuevo. Los seguidores de tales movimientos presentan todos la misma condición: la de la pasión y del entusiasmo.

¿Usted dice que Fidel Castro, Mao Tse-tung, Stalin, Hitler no eran apasionados?

No, eran estratégicos, no apasionados. En cierto modo eran obsesionados, pero no en el sentido de "apasionados". Los apasionados no tienen fuerzas. Los otros tienen fuerzas, ponen algo en movimiento.

¿Aunque estén obsesionados? Así como usted lo formula, pareciera que unos son mejores que otros.

Es que no son ellos personalmente quienes causan el efecto, sino que son portados por un movimiento. Estos grandes movimientos quitan libertad. El movimiento nacionalsocialista le quitó la libertad a todo el pueblo alemán. Casi nadie puede excusarse como que no quería eso. Prácticamente todos estaban cautivados, con muy pocas excepciones. El movimiento turbó totalmente la percepción. También la de muchos intelectuales, asimismo la de la iglesia. Este gran movimiento era demasiado poderoso y arrastró a casi todos. Sólo muy pocos, los que tenían algún otro reducto seguro pudieron apartarse un poco. Pero fueron muy pocos.

Usted menciona la composición espiritual y la inserción en algo grande. ¿Cómo veo que me arrastran?

Cuando la arrastran, usted ya no está concentrada. Es un gran logro extrapolarse, concentrarse, volver a tomar distancia.

En relación con ello usted dice que esos movimientos tendrían algo de ilusorio. Eso suena patologizante.

Para mí, lo ilusorio es obsesión. Si estoy obsesionado por una idea, un sentimiento, y muchas veces con vivo entusiasmo, ya no tengo contacto con la realidad. Esto no es enfermo, sino humano. Para la higiene del alma sería fundamental lograr distancia y preguntarse: ¿Qué es exactamente lo que me estoy imaginando aquí; qué es ese ideal? ¿Tiene alguna oportunidad, es real? ¿Tiene un nexo con la realidad? El movimiento pacifista también presenta aspectos ilusorios. Por ejemplo, la fantasía que puede lograrse la paz mediante la realización de manifestaciones. La paz llegó por otra vía.

O piense en un partido de fútbol: Imagine que se encuentra en medio de los fanáticos. Internamente usted se mantiene al margen y sólo mira lo que sucede desde la distancia. ¿Cómo se sentirá pronto?

No muy bien.

La irán a mirar mal, quizás hasta la agredan. Los fanáticos saben enseguida que usted no es una de ellos. Esto es un ejemplo sencillo para lo mucho que nos movemos en los campos y lo poco que logra la autonomía en tales casos.

Volviendo a lo ilusorio. ¿En qué momento exactamente se transforma en ilusorio?

Es el entusiasmo. Todo entusiasmo tiene algo de ilusorio.

Qué lástima. Es lindo estar entusiasmado.

Cada tanto hay que gozarlo. Necesitamos la desconexión de la sensatez, es formar parte del todo: en carnaval o Año Nuevo. La sensatez no es una imagen ideal, sería ridículo.

El entusiasmo une mucho: en una celebración, una gran fiesta o cuando se tienen metas comunes. Es una energía inmensamente movilizadora. Lo que usted sostiene significa esencialmente que, donde realmente se movilizan masas humanas, donde reaparecen el entusiasmo y el sentimiento de unidad, estaría próximo lo ilusorio.

Qué quiere decir próximo ... Está en medio.

¿Qué pasa con la energía movilizadora del entusiasmo? Tiene fuerza y mueve a las personas.

Por supuesto. Sin embargo el entusiasmo también despersonaliza. Uno ya no está consigo mismo, sino que es impulsado por otro poder y ya no percibe lo que no sirve a esa precisa orientación. Por eso el entusiasmo es tan peligroso.

Muchas veces en el entusiasmo es que uno se eleva y se siente grande, aunque no se haya hecho nada. Tal como en el fútbol. Todos los fanáticos ganan, aunque no toquen ni una pelota. Tienen esa deliciosa sensación de victoria. Esa es su identificación y es lo que lleva a salirse de sí en esos campos. Es menester que se sepa: eso nos entrega.

"Nadie invoca su conciencia cuando hace algo bueno"

Acerca de lo pueril de la "conciencia tranquila"

Usted ha investigado mucho sobre la conciencia. Es una pieza central de su conocimiento. Esto tiene consecuencias de mucho alcance, porque con la conciencia se vinculan la moral y la culpa. ¿Cómo llegó a preguntarse acerca de la función de la conciencia? ¿Buscaba descubrir por qué sus pacientes tenían tantos sentimientos de culpa?

He visto que la culpa es manejada de maneras muy dispares. Hablamos mucho de la culpa, pero su contenido con frecuencia es muy distinto. Es decir que si yo le debo algo a alguien, no es lo mismo a que si yo me siento condenado o tengo una mala conciencia. Hay formas muy diferentes de experimentar la culpa. Pude observar que la peor experiencia de culpa es la exclusión. La experiencia más intensa de inocencia es la inclusión. Estar vinculado y formar parte es el anhelo más profundo.

¿Exclusión de qué? ¿Exclusión por quién? ¿Se refiere usted a la familia o en general a la pertenencia grupal?

La conciencia es siempre una conciencia grupal, no una conciencia individual. El grupo determina lo que individualmente siento. Aquí se experimenta la culpa con la profundidad mayor y más amenazante. La conciencia está siempre al servicio del vínculo. La conciencia es un órgano de percepción, por medio del cual percibimos de inmediato y en todo momento si formamos parte o no, si, por ejemplo, nuestra actitud pone en riesgo o no nuestra pertenencia a la familia o a un grupo de pares. Ese era el clic principal. Y repentinamente estaba claro: la conciencia es un impulso tanto como lo es el sentido del equilibrio. Es un órgano de percepción y sirve ante todo al vínculo con el grupo que es importante para la supervivencia, pues primero con la familia.

Quizás esto sea así en el caso de un niño, que necesita de sus padres para sobrevivir. ¿Pero si no? Nadie nos mataría por dejar un grupo. ¿Tenemos entonces conciencias distintas? ¿Acaso no existe la conciencia a la que yo me remito cuando busco expresar intenciones sublimes?

No. Las conciencias son dispares, porque los grupos son dispares. Con mi padre tengo una conciencia diferente a la que tengo con mi madre, otra más en la profesión, en la iglesia o en el grupo de amigos – según a dónde pertenezco, se trata de conciencias totalmente distintas. Su conciencia sabe de inmediato qué tiene que hacer para pertenecer a este o aquel grupo.

¿Es decir, que lo que denominamos "moral" es la masilla entre los miembros del grupo?

Es solamente una instrucción sobre lo que debo hacer para poder pertenecer al núcleo. Debemos distinguir aquí entre la familia y los otros grupos. No tiene nada que ver con la moral, si uno se comporta de distinto modo con su padre o su madre. Solamente percibo cómo tengo que conducirme para que me quieran. La moral comienza allí, cuando un grupo grande se subordina a una idea o a una creencia y todo aquél que se aparta es excluido.

Entonces sí que hay una diferencia. De un lado la moral – y sería la moral, la que marca los límites: yo estoy del mismo lado del límite que tú. Tengo el mismo punto de emplazamiento. Del otro lado está lo malo (conscientizado). ¿Se trata de un cuasimecanismo de coordinación social, nada individual, pero sí alterable según el espíritu de los tiempos? Y del otro lado la conciencia: Así me comporto con papá o mamá. Y la moral hace que yo tenga una "buena conciencia"?

Podría ser así. Cuando una madre o un padre castigan a un hijo, no lo hacen porque estuvieran mirando al hijo. Miran hacia algo superior porque se dicen: Hay que educar al niño, hay que quebrar su voluntad, debe obedecer, ser amable, estudiar – eso es moral. Los padres castigan a su hijo con buena conciencia. O fíjese en las fuerzas armadas, cómo tratan a los desertores, invocan una ley: en la guerra será castigado, decapitado, eliminado. Quien hace eso, se siente en consonancia con la ley moral. Él ya no tiene que remitirse a su conciencia, sino se remite a la moral dominante. Solamente él siente la moral a través de su conciencia.

La conciencia no es nada más que un órgano de percepción. La moral entra al juego cuando yo me elevo sobre otros. Primero se eleva un grupo sobre otro, especialmente sobre otro grupo por el que se siente amenazado. Esta presuntuosidad es movilizada por la conciencia. Ella también moviliza las agresiones que son necesarias para defenderse contra los demás. La moral siempre está acoplada a una voluntad de eliminación. Eso lo vemos en las guerras. O tomemos las discusiones políticas: "Nosotros somos el mejor partido" – también aquí se trata muchas veces de eliminación. Se le deniega al otro el derecho de estar al mismo nivel que uno mismo.

¿Cuando usted habla de la "buena conciencia", entonces no se refiere a "servicial y noble" sino "bueno" en el sentido de lo que sirve para mi supervivencia como ser social.

Precisamente. Puede ser humanamente repudiable. Se trata sola y exclusivamente de: ¿Qué debo hacer para ser parte?

Lo revolucionario es, por un lado, que usted así explica sistémicamente los sentimientos de culpa, que siempre se consideraban individuales. Por otro lado, le quita a la conciencia su aureola de santidad que tiene en nuestra cultura, en tanto dice que sería casi una instancia biológica. Esto es provocativo, porque usted prescinde completamente de los contenidos de la conciencia.

Nadie invoca su conciencia cuando hace algo bueno. Siempre solamente cuando dice: "Ahora debo ponerte los límites, ahora debo castigarte, debo azotarte, encerrarte, matarte" o lo que fuese. La lista sería interminable. Se daña al prójimo invocando la conciencia.

Esto no me queda del todo claro. Tomemos un ejemplo cotidiano. Cuando defiendo a alguien que fue golpeado por un tercero, lo hago porque tendría una mala conciencia si simplemente me fuera o me quedara mirando ...

... y usted estaría arriesgando la pertenencia a su grupo, para el cual es un valor proteger y defender a los demás.

¿Pero a quien le hago un daño, si defiendo a un agredido por mi buena conciencia? ¿Le hago daño al agresor? No lo comprendo.

Si por la buena conciencia usted ataca al agresor, usted ataca al agresor.

¿Pero en este caso no es reprochable?

Usted ataca al agresor. Usted está enojada con él. Usted desea que le suceda algo. Si esto es "reprochable" sería una valuación moral.

No, solamente pretendo proteger a la víctima.

El afecto como tal es el siguiente: usted toma partido por la víctima contra el otro. Usted desea que al otro le suceda algo.

No, no necesariamente. También podría ser sencillamente así: "Te voy a pegar; deja en paz al otro". Aquí no se trata de herir al agresor, sino solamente de proteger a la víctima.

En este caso usted no tomó una decisión de conciencia. Usted actúa según su impulso de prójimo. Cuando un niño cae al agua, se lo rescata. Esto no tiene nada que ver con la conciencia. Que uno acuda en auxilio es un generalizado impulso humano. Se socorre a personas en peligro.

Quisiera volver a preguntar. ¡No es precisamente un generalizado impulso humano! A veces, las personas son golpeadas y nadie alrededor se inmuta. Extranjeros son perseguidos a puntapiés por los "cabeza rapada" y todo un vecindario mira. Entonces se dice por ahí: "¿Es que no tienen ninguna conciencia, aquellos que simplemente hacen de espectadores o los que miran para otro lado? ¿En este caso usted diría que el grupo, al cual pertenecen aquellos que miran para otro lado tiene otra "moral" – es decir, que a los extranjeros tranquilamente se los puede tratar a puntapiés?

Exactamente. Con la conciencia tranquila se elevan sobre los extranjeros. Volvamos a su ejemplo de la ayuda. Cuando alguien dice: Mi conciencia me impone actuar, entonces previamente reflexionó. No se trata, pues, de un acto impulsivo. Esa es la diferencia. Mis observaciones me indican que cuando para mis actos invoco la conciencia, entonces siempre es en perjuicio de otros, es para restringirlos.
¿Y las personas que ocultaron a judíos?

Esta es una objeción válida. Yo creo que esto se asimila a cuando yo presto asistencia directa a alguien. Yo presumo que esas personas no han consultado su conciencia. Actuaron como prójimo directamente a partir de un impulso. El proceso interno es diferente a cuando alguien previamente se remite a su conciencia.
 Es decir, que la conciencia solamente rige para un ámbito estrecho. Tiene importancia en la familia y eso es bueno. Apenas se generaliza con pretendida validez para toda la humanidad, comienza la superioridad. Y además se acude a Dios, diciendo que Él sería moralista –conforme nuestra moral– y allí todo se torna absurdo.

"Colaborar sabiendo y sufriendo"

Sobre la culpa ineludible

Entonces la conciencia como sentido del equilibrio es útil para grupos más pequeños y destructiva para los grandes, dado que excluye.

En la conciencia yo distingo dos ámbitos. Primero la pertenencia y luego el vínculo. Hemos hablado sobre eso. Lo demás es la compensación – que haya un equilibrio entre dar y tomar. La necesidad de compensación también es controlada por una instancia que vivenciamos como conciencia. Se trata de dos ámbitos diferenciados que no deben mezclarse.

¿La conciencia vincular es lo más básico?

Sí, porque allí se vive la culpa con mayor intensidad.

Usted mismo habla mucho de "bueno" y "malo". ¿Qué es una "buena conciencia" para usted?

Quien quiera hacer algo bueno, muchas veces debe actuar más allá de la conciencia. Cuando alguien se remite a su conciencia, se está expresando el niño. Pero cuando dice: "Yo veo qué esta pasando" y aparenta participar del juego interviniendo en algún punto para recomponer algo, entonces actúa estratégicamente y con independencia de la conciencia. Él solamente actúa de acuerdo con lo que es posible y lo que no es posible. Por ejemplo también puede trabajar en el servicio secreto; muchos luchadores de la resistencia estaban dentro del aparato. Colaboraron estratégicamente y esperaron la oportunidad apropiada. Se puede decir que en cierto modo eran independientes de su conciencia. No estaban ligados por su conciencia en su propio perjuicio. Este es un próximo escalón. Este es el adulto que ve todo el juego. En lugar de ir a la cárcel para sentir internamente que es bueno –y permanecer un niño–, él actúa estratégicamente.

¿Entonces sí hay posibilidades de excluirme de la pertenencia a la que está ligada mi conciencia?

Viéndolo de este modo, sí. Piense en Adenauer[23]. Él solamente esperaba. Está el ejemplo del soldado alemán que estaba asignado a un pelotón de fusilamiento y después desertó pasando a los partisanos. Eso no fue sabio.

¿Usted dice que eso no fue sabio? Yo diría que se sacrificó, porque no podía conciliar el fusilamiento de otros con su conciencia.

Actuando así se siente inocente. Y también se siente grande. En la inocencia las personas se sienten grandes y mejores. Pero los partisanos no lo aceptaron y tampoco los serbios querían ponerle un monumento. Esto es trágico.
Él podría haber disparado al aire.

Si me imagino la situación, siento mucho respeto por alguien que se sacrifica, para no ser culpable de la muerte de otros. Me indigna cuando usted dice que podría haber disparado al aire.

Con ello quiero decir lo siguiente: Este hombre estaba ligado a una fantasía. Eso es honorable, claro está. Pero también tuvo la fantasía de que los otros irían a aceptarlo, que podría

---

[23] Konrad Adenauer (1876-1967), estadista alemán demócrata cristiano, primer canciller de posguerra de la recién constituida República Federal de Alemania (1949-1963) y simultáneamente su ministro de relaciones exteriores (1951-1955). [N.d.T.]

sencillamente abandonar a su grupo. Y no es así. No tenía nada que ver con los demás. Finalmente quedó solo entre los dos frentes. Esto es trágico. Un soldado en la guerra debe disparar. No puede estar allí y no hacer nada. Él está inmerso en la culpa y en la inocencia de su grupo. Si él consiente eso, entonces da un paso más allá de esa conciencia estrecha. El consentimiento lo hace posible. Él mira a los ojos a lo inevitable; eso lo hace humilde y él gana una dignidad más allá de toda presuntuosidad moral.

Suena paradógico: ¿Aceptando plenamente la pertenencia, me aparto o doy un paso al costado? Es decir que participar por entusiasmo es para usted diferente que participar a partir del conocimiento de que no se podrá escapar de la culpa.

Exactamente. Entonces se consiente la culpa.

Lo uno es una participación a ciegas y lo otro es una ...

... participación a sabiendas y sufriendo. Eso genera humildad.

Y es trágico en aquel caso, en que uno se escapa y no puede pertenecer a ningún grupo.

Sí, continúa siendo un niño. Un adulto sabe que la culpa es inevitable y la consiente. Él sabe que haga lo que haga, no podrá sustraerse de la culpa y hace lo que es lo posible y lo mejor en las circunstancias dadas.

¿Nosotros no somos todos niños? ¿Qué ayuda me brinda la constatación: Él es un niño? Es fácil que sea valorada de acuerdo a la premisa: ¡Jhá!, ese todavía no llegó a adulto. Y eso irrita.

No es una valoración. Es una constatación, que alguien no cruzó un límite. Sigue siendo un niño y como niño queda preso y nada puede conseguir. En verdad tiene buenos sentimientos para sí, pero no puede poner nada en movimiento.

¿A qué apunta usted cuando dice que no movilizan nada? ¿A través de sus acciones las personas siempre deben poner algo en movimiento?

No. Pero pienso que quién pretende causar algo, debe saber que la culpa es ineludible. Los políticos no permanecen inocentes, siempre cargan con culpas. Nada funciona sin culpas. A un nivel importante la culpa es inevitable. Quien consiente eso y sopesa en el marco de esa situación qué es lo mejor, ese actúa bien, aunque no con buena conciencia. Él sabe: Esto es malo, aquello también es malo. Él pondera, haga lo que haga será culpable.

Yo recuerdo el discurso de Helmut Schmidt[24] ante la Asamblea Federal[25] después del asesinato de Hans-Martin Schleyer[26]. Dijo entonces algo similar. Él estaba ante la disyuntiva de ceder o no ante los terroristas. Él sabía que sacrificaba a Schleyer, pero sin importar cuál era la decisión, él sería culpable. En otra entrevista dijo que Hans-Martin Schleyer aún

---

[24] Helmut Schmidt (1918-), político socialdemócrata, varias veces ministro y luego canciller de la República Federal de Alemania (1974-1982). [N.d.T.]

[25] Cámara baja del parlamento de la República Federal de Alemania [N.d.T.]

[26] Industrial alemán y referente político del sector industrial, secuestrado y luego asesinado por terroristas alemanes. [N.d.T.]

tenía puestos sus ojos en él, que eso le quedó grabado.
¿Quiere decir que tomar decisiones siempre implica también el riesgo de ser culpable?

En el momento de la decisión jamás se puede prever cuál será el resultado. Me decido pensando que el resultado será algo bueno y después quizás tenga que ver que provoqué algo malo – o a la inversa. Muchos que creen seguir una buena causa, súbitamente despiertan y ven en qué quedó todo. No podemos estar seguros en absoluto del resultado de nuestras acciones. ¿Qué es una posición humana? Yo consiento, es así; yo no puedo decidir "correctamente"; no sé con anticipación en qué desembocará. Pero, asumo las consecuencias.

Aquí radica entonces la responsabilidad personal: no trasladar a otros las consecuencias de mi acción.
Usted dice que no sabe qué consecuencias tendrán nuestras decisiones. Esto es una formulación diferente a la que sostiene: En el momento en que me salgo de la conciencia y estoy dispuesto a asumir culpas, soy adulto y actúo bien.

No debe relacionarse de este modo. A mí me interesa que las personas reconozcan sus limitaciones humanas. Eso es lo "bueno" para mí.

"Este es el punto final de la individualización"

Sobre la conciencia arcaica y el campo

Usted siempre habla de los "campos". ¿Qué tienen que ver con la conciencia?

Tenemos nuestra conciencia moral, que regula lo que debo hacer para formar parte. Tampoco somos muy conscientes de ello, pero al menos sabemos de ello. Lo podemos percibir como "mala" o "buena" conciencia, como inocencia o como sentimiento de culpa. Rupert Sheldrake habla aquí de "campos espirituales". Naturalmente se trata sólo de conceptos auxiliares. No obstante he observado que aún hay otra conciencia más. Yo la denomino "conciencia arcaica". No aflora a través del sentimiento de culpa o inocencia. Es mucho más antigua que la conciencia moral, en efecto es arcaica.

¿Tiene alguna relación con el vínculo, con los órdenes que usted halló?

Tal vez. Siempre me han de preguntar, una otra vez, cómo surgen los órdenes que he observado en los sistemas familiares. Por ejemplo, ¿cómo es posible que alguno de una generación posterior represente a un excluido, que alguien tenga sentimientos que no le son propios, que alguien se sienta atraído por la muerte?

Yo investigué esto e intenté imaginarme cómo era la vida humana en el inicio, en las épocas de las primeras hordas. En aquellos tiempos arcaicos no existía la exclusión. Todos pertenecían al grupo. En los grupos que para su supervivencia deben permanecer unidos, nadie puede ser excluido. Por ejemplo en los masai[27], hasta hoy no existe nada equivalente a la exclusión.

He leído alguna vez que tardó cientos de miles de años hasta que la horda se hubiera desarrollado tanto para que el hombre pudiera sobrevivir y conservar la especie. El aprendizaje no se desenvolvía a través del instinto, como en los animales. Porque los humanos tenían menos fuerzas y menos agudeza

---

[27] Pueblo etíope de África oriental (NE de Tanganica y S de Kenia) de estatura alta y rasgos armónicos, son ganaderos y agricultores seminómadas. [N.d.T.]

en sus sentidos, aprendían a través de estructuras. Las acciones conjuntas eran tan elementales que a la larga trabajaban como un instinto que asegura la supervivencia. ¿Es ese "instinto" lo que usted describe como conciencia arcaica? ¿Cuál es la importancia de esta reflexión?

La conciencia arcaica no admite exclusión alguna. Esta ley sistémica actúa hasta hoy en el alma. Lo podemos apreciar en las constelaciones familiares. Cuando alguien fue excluido del sistema, entonces más adelante y debido a la presión de otra "instancia", es representado por otro en la familia. Es decir que visto en todo su alcance, no puede ser excluido. Así actúa la conciencia arcaica. Ella no tolera la exclusión.

¿Qué tiene que ver con el campo?

Nadie puede caerse del campo. La imagen del campo está unida estrechamente con la conciencia arcaica. El excluido permanece en el campo y continúa en resonancia con todos aquellos que pertenecen a ese campo, y se hace notar.

Entonces la conciencia moral es más reciente que la arcaica y delimita, excluye con "buena conciencia". ¿Cómo interactúan las dos?

Actúan una contra otra. Es que la moral tiene la idea de que es posible deshacerse de algo. Por ejemplo de un problema, de una enfermedad o de una persona. Pero en el campo nada se pierde. Sobre la base de la moral se debe excluir a alguien. Pero el excluido permanece en el campo debido a la conciencia arcaica. Por eso es representado en el campo. Eso queda demostrado en las constelaciones familiares cuando otro miembro siente como el excluido o hasta repite su destino. Este es el "enredo" que se hace visible al constelar, quedando demostrada la fuerza del campo y la impotencia de la moral.

¿Se podría decir que el sentido del equilibrio "conciencia moral" excluye pero no "sabe" que existe una conciencia arcaica, un campo, que "prohíbe" la exclusión?

Exactamente. La conciencia arcaica obedece a otra ley más. En la horda cada uno ocupa un rango según su edad y va ascendiendo durante el curso de la vida. Este orden es vital para la cohesión, es decir para la supervivencia. Si alguien actúa en contra, pone en riesgo la supervivencia de todos. En las tragedias, alguno nacido más tarde infringe con "buena conciencia" ese orden jerárquico arcaico y muere. Así es en los griegos, en Shakespeare[28] y en las familias. Las personas fracasan, mueren, enferman si infringen ese orden jerárquico.

Esto parece una ley férrea, como las Tablas de la Ley de Moisés.

Es necesario verlo.

Alguna vez la "moral" fue un progreso. Cuando por ejemplo pienso en la Orestíada, en la hermana que quiere sepultar a su hermano Orestes[29]. Las tragedias marcan como una línea divisoria entre la conciencia moral y la arcaica?

---

[28] William Shakespeare (1564-1616), dramaturgo inglés, en cuya segunda fase creativa llega a su apogeo la fuerza trágica de su obra (Hamlet, Otelo, El rey Lear, Macbeth). [N.d.T.]

[29] En la mitología griega, hijo de Agamenón, asesinó a su madre Clitemestra para vengar la muerte de su padre; es perseguido por las Erinias y debe ser sacrificado ante su hermana, la sacerdotisa Ifigenia, logrando finalmente huir con ella y llevar a su patria la imagen de Artemisa, con lo cual expía sus culpas y es absuelto gracias a Atenea. [N.d.T.]

Las tragedias además nos dicen que quien infringe el orden jerárquico, se individualiza contra el grupo. Esta individualización es muy importante en el sentido del progreso. Y la conciencia moral, que sentimos como culpa e inocencia, está al servicio de esa individualización. Es decir que estos conflictos están preprogramados por la individualización. Esto tiene un alto precio y un gran beneficio. La pregunta es: ¿Existe una compensación entre la conciencia arcaica y la conciencia moral? Para eso está la constelación familiar.

Anteriormente hablamos de la libertad, de la autonomía. "Yo soy libre, estoy desligado." Las experiencias que ofrecen las constelaciones relativizan esta visión. Es como una compensación, se funda en que yo comprenda y consienta que estoy inserto. Este es el punto final de la individualización. Entonces las dos conciencias ya no se oponen. Esto es una enorme ampliación del consciente. Por siglos esta lucha entre las conciencias costó sangre y lágrimas. Si ahora apreciamos y respetamos su interacción, tendremos el beneficio sin el precio.

¿Esto significa que en las constelaciones tratamos con la conciencia arcaica? Parece ser una regresión: un retorno al ordenamiento tribal y un renunciamiento a la libertad.

Por el contrario, a partir de los efectos de las constelaciones vemos cómo enmaraña la ceguera de la conciencia moral. La "regresión" hacia la conciencia arcaica es un esclarecimiento. Algo reprimido vuelve a nuestro consciente: que no puede excluirse a nadie. Recién entonces es posible el desenvolvimiento hacia más paz y el juicio esclarecido de que, por estar inserto, nadie deja de ser libre.

"Yo soy alemán – pero no orgulloso"

Sobre la reconciliación y el patriotismo

Volvamos nuevamente al "campo". ¿Podemos abandonar esos "campos"?

Rupert Sheldrake observó que estos campos espirituales o mórficos repiten siempre lo mismo. Dentro de un campo tal no es posible una nueva percepción. En la constelación se tornan visibles y se resuelven los enredos, lo cual cambia algo en el campo; por ejemplo en la familia y para el individuo. Pero no por eso deja el campo.

No lo entiendo. Quizás un ejemplo. Usted dice que todos los alemanes, salvo muy pocas excepciones, estuvieron en el campo del nacionalsocialismo o las personas en Rusia en el del stalinismo[30]. Después de la guerra se planteó en Alemania una discusión sobre la tesis de la culpa colectiva, según la cual todos los alemanes son culpables. ¿Piensa usted que cuando usted habla de "campo", en el plano del alma esa culpa colectiva comprende no solamente a los que participaron físicamente o vivieron entonces, sino que tiene un mayor alcance?

Sí, indudablemente. Cuando se discutía la culpa colectiva se trataba de si se podía enjuiciar al individuo. Naturalmente eso no era posible. Es disparatado. Pero sí tiene sentido que todos se golpeen el pecho y digan: "Yo también participé" y que no se diferencien de los victimarios, diciendo alguno: "Fueron ustedes; yo no fui."

---

[30] En referencia a Stalin (1879-1953), dictador soviético.

¿Qué postura del alma propone usted?

Que ese se posicione junto a ellos y diga: "Lo comprendo, yo también participé." Y que después no solamente vea la condena, sino que mire lo que se cometió en todas partes. Que mire a los judíos muertos, a los gitanos, a todo lo que sucedió en los países, a los soldados muertos y a nuestras propias víctimas, las víctimas de las bombas – sin reproche, simplemente así. Uno se entrega a una profunda tristeza que nos une a todos. Eso tiene un efecto de calma y resolución. Entonces lo pasado puede superarse.

Dicen sorprendidos en otros países que los alemanes no asumen para nada que son alemanes. Con razón, porque no han reconocido su participación. Si lo hicieran, podrían decir: Yo soy alemán. Se trata de un plano totalmente distinto. Esos debates sobre el patriotismo son absolutamente estériles. Mientras no nos hayamos presentado juntos frente al todo global, no podemos mirar juntos a los ojos de los demás y ellos tampoco nos pueden mirar a los ojos. En ese plano profundo se inicia la reconciliación.

Si yo ahora digo: Bien, yo soy alemana, yo pertenezco y también cargo con esa culpa. Eso es raro. Yo me avergüenzo. ¿Qué diferencia hay entre la sensación de culpa de quienes participaron directamente y la de quienes no saben nada de todo ello, pero también forman parte del campo, como por ejemplo mis hijos?

El concepto de "culpa" aquí no es apropiado. Culpa significa que soy responsable. Nadie es responsable. Todo fue llevado adelante por una fuerza superior. Entonces debería decir: Yo soy parte del movimiento; yo no me salgo. Solamente debería reconocer: Yo también pertenezco y también cargo con las consecuencias. Pero no con culpas, no tiene nada que ver con las culpas. No hay que avergonzarse. Es un profundo proceso de unificación, algo profundamente humano, que me abre hacia otros y a su vez les quita la resistencia a otros para encontrarse conmigo.

Es decir que el campo no está en paz mientras haya gente que se excluya y diga: "Yo no pertenezco; mi padre fue comunista." O: "Yo no vivía en esa época y hoy soy antifascista ..."

"... y porque no formo parte, soy mejor que tú." Llevan a otros al campo y les apuntan con el dedo, pero ellos mismos no lo pisan. Esto es hipocresía. Eso puede verse en los efectos y se prolonga más y más y más. Siempre el mismo vocabulario; infinitamente.

Si en el alma existiese ese tipo de movimiento "de paz", ¿entonces el campo cambiaría o se disolvería?

Tal vez cambie. Sin embargo las fuerzas contrarias también son fuertes. No tengo ilusiones en ese sentido. Pero si algunos de esta manera encuentran la paz en sí mismos y con el pasado, entonces sucedió algo hermoso. Un pequeño ejemplo del contexto histórico: Cuando se piensa con qué entusiasmo los soldados fueron a la Primera Guerra Mundial[31] ... eso también era un campo. Hoy eso ya no es posible y todos estamos mejor.

---

[31] De 1914 a 1918 [N.d.T.]

"Mirar con amor a los muertos, en lugar de actuar sobre la conciencia de los vivos"

Sobre la memoria y la represión

Mirar hacia el pasado para ganar el futuro es una forma de tratar conscientemente con la historia. La idea es: "Así llegamos a ser lo que somos – eso lo aprendemos del pasado". Es un logro del psicoanálisis sustituir lo reprimido por la percepción consciente. Todos los pueblos necesitan una memoria colectiva. Ahora usted dice: También lo malo tiene que poder ser pasado. ¿Cuándo la memoria se transforma en destructiva? ¿Por qué para usted la retrospección no hace posible mirar hacia adelante?

El psicoanálisis se trata de que lo reprimido tiene un efecto limitativo. Ese inconsciente es traído al consciente, con lo cual puede tratarse con él. Puedo integrarlo y con esto ya está. Esto es curativo. En muchas psicoterapias se traen a la luz hechos dramáticos reprimidos para darles un cierre. Estos hechos son como un movimiento congelado, similar a lo que sucede con un trauma. En el caso de un trauma se retoma otra vez el movimiento, hasta que se agota en un movimiento pudiendo ser superado. Se lo recuerda para que pueda ser pasado.

¿Está usted de acuerdo con este tipo de memoria? ¿Por qué le molesta entonces cómo recuerdan los alemanes?

Al recordar es fácil quedarse sujeto al pasado, con lo cual se pierde el futuro.
Tomemos hechos tan terribles como lo son los de la guerra o los ataques con bombas, por ejemplo a Dresde o Hiroshima[32]. Personas que cruel y dramáticamente perdieron su vida. ¿Cómo puedo recordarlas? Les puedo dar un lugar en mi alma. Entonces, estoy en paz con ellos y entonces puedo dejar lo

---

[32] Ciudades en Alemania y Japón bombardeadas en 1945. [N.d.T.]

que fue, porque ya no están separados de mí. Teniéndolos en mí, los llevo hacia mi futuro y ellos actúan hacia el futuro. Es una memoria sanadora, que a la vez permite que lo pasado sea superado.

Los ingleses dicen "re-member"[33]; pienso que es una palabra ilustrativa. ¿Dándole un lugar en el alma a los muertos, ellos –no los hechos- prácticamente se proyectan al futuro?

Exacto. Ahora bien, hay una forma de recordar que es similar a un eterno reproche: "Ustedes deben recordar los delitos que encubrieron y cuán malos han sido". O tomemos a Alemania después del Tratado de Versalles[34]. Decían entonces: "El Tratado es injusto, jamás debemos olvidarlo, tenemos que recordarlo". Este "recuerdo" desencadenó también la Segunda Guerra Mundial. Los recuerdos de hechos horrorosos frecuentemente son utilizados para reiniciar un conflicto o justificar su prolongación. En esta forma de recordar siempre hay quienes resultan ser mejores y peores.
Aquí se mantiene vivo un recuerdo que transforma a los otros en más malvados y peores. Así ya está preparado el suelo para el próximo conflicto. Estos apóstoles del recuerdo no miran con amor a los muertos.

Usted habla aquí de un proceso del alma; los especialistas profesionales en materia del deber de recordar hablan de política.

---

[33] Verbo: "re-cordar" [N.d.T.]

[34] Celebrado el 28-6-1919 y muy duro para Alemania, este tratado puso fin a la Primera Guerra Mundial luego del armisticio de 1918. [N.d.T.]

La buena política y la mala política comienzan en el alma. Esto es así.

¿Entonces qué efecto real pueden tener los monumentos?

Los monumentos a los caídos con frecuencia son monumentos a la paz. En Berchtesgaden[35] hace poco conté los muertos de la primera y Segunda Guerra Mundial: son 170. Esto es un buen recuerdo. Yo abro mi corazón a esos soldados, los veo delante de mí y eso tiene en mí un efecto bueno. Pero monumentos gigantes como lo es el de Berlín –sólo habría que realizar una encuesta, naturalmente secreta– ¿qué desencadena en las almas? ¿Y qué desencadena en las almas de los judíos en Alemania?

Para mí está totalmente claro que no sirve para la reconciliación. De lo contrario, no se hubiera tenido que vencer tanta oposición para su erección. Salvo que se transforme en un signo que implique que a los tantos judíos asesinados y desplazados se les devuelva un lugar en nuestro seno, en medio del corazón de nuestra ciudad capital.

Un recuerdo impuesto no es bueno. En contraposición, en Jerusalén ese gran monumento para las víctimas del holocausto pone a los muertos en evidencia sin reproche alguno. O también el monumento en Hiroshima para los muertos de la primera bomba atómica. Ese es un recuerdo que sirve al futuro.

¿Pero no es sorprendente que en Alemania haya tantísimos monumentos a los caídos y solamente muy pocos para los judíos? ¿Dónde en Alemania se recuerdan los delitos contra los judíos en el sentido en el que usted promueve?

---

35 Localidad del sur de Alemania, en la Alta Baviera. [N.d.T.]

Como ejemplo, por el hecho de que los campos de concentración estén simplemente allí. Alguien me contó que hace poco había estado en el de Mauthausen. Entró y pasó por allí y sintió una profunda paz, hasta que llegó a un monumento que invoca el recuerdo. En ese momento para él la paz ya no fue tal.

¿Entonces a usted no le preocupa tanto si se recuerda, sino cómo se recuerda a los muertos y a los asesinados? Olvidar lo que fue y dejar atrás el pasado no es un alegato a favor de la represión?

Exacto. Cuando una persona puede olvidar lo que fue, pero sin reprimirlo, entonces no formula al futuro exigencias basadas en el pasado. Especialmente no a los demás.

"Lo que fue tiene que poder haber pasado en el corazón"

Sobre la compensación y la indignación

Pero cuando se trata de relaciones familiares, usted siempre habla de la compensación, en dar y tomar, de la necesidad básica de compensación en los sistemas.

En nuestras relaciones personales la reparación y la exigencia de compensación son necesarias y justificadas. De lo contrario, las relaciones se rompen. Sin embargo estas exigencias no se pueden trasladar en la misma forma a las relaciones entre los pueblos. La exigencia de una compensación por las injusticias sufridas es la fuerza impulsora de muchas guerras.

Hay aún otra forma muy diferente de memoria. Imagínese, usted muere y la recuerdan. Hasta se escriben sus biografías. ¿Cómo se siente?

A veces me pregunto: ¿Cómo se sienten los muertos cuando se les hace un monumento? En Argentina una vez tuve una constelación con las Madres de Plaza de Mayo[36]. Uno de los hijos muertos representado dijo: "Para mí lo peor es que mi nombre esté puesto en esa plaza. Mientras esté puesto allí no podré tener paz". Él se siente utilizado para una exigencia. Hay recuerdos que utilizan a los muertos y –expresado de modo extremo– sacan de esa memoria la justificación para una guerra. Piense en el conflicto de Kosovo, en la batalla de Amselfeld[37].

Primero fue la batalla de Kosovo, el 28 de junio de 1389, hace más de 600 años, entre musulmanes, otomanos, cristianos, serbios. Los serbios mataron a un sultán, después un sultán mató al príncipe serbio Lazar. Entonces los cristianos, es decir los serbios, santificaron al príncipe Lazar y los otomanos se enfrentaron a los serbios.

Quinientos años más tarde, el 28 de junio de 1918, el príncipe heredero austríaco[38] llegó a Sarajevo. Los serbios lo asesinaron. Así comenzó la Primera Guerra Mundial.

Después vino Milosevic en 1989, también un 28 de junio. Dio sepultura a los restos del santo Lazar en un monumento en Kosovo, en el que dice: "Junio 1389 - Junio 1989. No dejaremos reinar a los musulmanes sobre los serbios". Entonces

---

[36] Organización argentina de derechos humanos fundada e integrada por las madres de desaparecidos durante la dictadura militar que gobernó entre 1976 y 1983. [N.d.T.]

[37] Victoria de los turcos sobre los serbios en 1389 y sobre los húngaros en 1448. [N.d.T.]

[38] Francisco Ferdinando (1863-1914), sobrino del emperador Francisco José I. [N.d.T.]

comenzaron las masacres – se inició la guerra de Kosovo. Esta es una memoria que excede las generaciones ...

¿... en la que la necesidad de compensación llega a dominar socialmente y moviliza sentimientos de venganza?

Sí, este tipo de memoria tiene un efecto dramático. Algo similar existe también en América del Sur o entre los aborígenes en Canadá. Cuando siempre se recuerda todo el horror, entonces los muertos nos desalojan del presente y eso tiene consecuencias nefastas. Lo que fue tiene que poder haber pasado en los corazones de los individuos. Entonces podrán encarar otro futuro ...

... y no tiene que revivir nada. Hay, en efecto, recuerdos que alimentan, mantienen y renuevan la indignación. Así lo hicieron los nazis con Versalles.

Estos recuerdos solamente generan emociones y la necesidad de compensación: debe pagarse una y otra vez. Y eso es grave. Castaneda escribió que uno debe olvidar su propia historia. Esto tiene un efecto increíble. Cuando un pueblo en cierto modo "olvida" ese horror, tomando a los muertos de entonces en su corazón con compasión, entonces ya no es necesario recordar. Es como si los muertos los acompañaran al futuro.

Muchos dicen: Debemos recordar para que no suceda otra vez. Existe el miedo a que precisamente el olvido haga posible el horror. Aquella cita de Brecht[39], entre tanto ya un poco abusada, "... el vientre es fértil aún ...", simboliza ese temor al olvido.

---

[39] Bertolt Brecht (1898-1956), autor y dramaturgo alemán (e.o. Madre Coraje y sus Hijos). [N.d.T.]

Una de las causas para nuevas guerras es la historiografía ...

¿... la cual mantiene viva la indignación y remueve la irritación?

Quien se indigna por el horror, aparentemente está del lado bueno y contra lo malo. Se interpone entre los victimarios y las víctimas, para evitar más horror.

¿Qué objeción hay contra eso?

Una persona indignada se comporta como si fuera una víctima, pero ella no es la víctima. Se arroga el derecho de exigir satisfacción de los victimarios, sin que ella misma hubiera sufrido alguna injusticia.

Él asume el rol de abogado de las víctimas, porque ellas ya no pueden hacerlo. ¿Por qué eso no es honorable?

¿Los muertos le han cedido ese derecho? ¿Qué hace el indignado? Se arroga el derecho de causar daño a los victimarios, con lo cual el conflicto continúa. Por lo general, los indignados no se dan por satisfechos hasta que los victimarios estén destruidos y humillados, aún cuando ello empeora el sufrimiento de las víctimas.

"La indignación no sabe de compasión"

Sobre la paz y la buena conciencia

La indignación suele ser una causa para muchos movimientos políticos, que en el fondo son muy morales. Usted, por el contrario, aboga por el amor en lugar de la compensación. Eso es un movimiento del alma. ¿Qué tiene usted contra la moral?

En el caso de la moral generalmente se trata de la realización de una pretensión. El indignado se siente un ejecutor y también se presenta como tal. Por eso, y contrariamente a alguien que ama, no sabe de compasión ni de medida.

Hay algo más; sea a quien fuese que nosotros maldecimos, incorporamos su energía. Eso es válido para hijos e hijas, que de ningún modo quieren ser como sus padres, al igual que para los indignados que luchan contra victimarios de todo tipo.

Desde que el trabajo de las constelaciones encuentra interés en todo el mundo, usted hizo constelaciones políticas en muchos países. ¿Sobre qué experiencias se basó en esos casos y qué ha descubierto en esas ocasiones?

Una pauta importante para las constelaciones políticas fue que provoca un acercamiento entre las víctimas y los victimarios. Solamente sobre esa base me fue posible realizar trabajos para la paz.

Fui invitado tres veces a dar cursos en Israel e hice allí exactamente lo que ya he descrito. He puesto a las víctimas frente a los victimarios. También aquí pudo verse cómo tuvieron que acercarse unos a otros. No pudieron evitarlo. Por ejemplo había una mujer que dijo: "Mi padre fue asesinado por un árabe". Posicioné entonces a un representante para su padre y frente a él a un representante para el asesino. El asesino tenía miedo. De repente el padre le extiende la mano. Los dos se aproximaron y se abrazaron. Luego el padre cayó al suelo como un muerto y el árabe, el asesino, se acostó a su lado. Estaban reconciliados en la muerte.

Una de las experiencias grandiosas que hice en esas constelaciones fue que los muertos, las víctimas muertas y sus victimarios muertos, pueden y quieren encontrarse, salvo que sus descendientes tomen en sus manos la causa de los muertos y quieran volver a repetir todo el drama. De este modo obstaculizan la reconciliación.

Lo mismo viví en Turquía en relación con el conflicto entre turcos y armenios. Lo vi en Japón. Cuando se da espacio a los movimientos del alma, se siente y se ve que el alma en lo más profundo quiere la reconciliación. Busca unir lo que hasta ahora estuvo separado.

¿Qué se le opone?

Ante todo la buena conciencia. Todos los grandes conflictos extraen su fuerza de la buena conciencia. Todas esas malas acciones contra los demás, todos esos ataques, provienen de personas que creen que tienen una buena conciencia y que son inocentes. Creen que la buena conciencia les otorga el derecho de atacar y hasta destruir a otros. La agresión contra los demás se nutre de la buena conciencia propia. Cada parte tiene aquí una distinta conciencia, pero siempre una buena conciencia.

En España, en ocasión de una constelación sobre el conflicto entre los vascos y los españoles, se desarrolló el mismo movimiento. Había constelado un vasco. Él estaba absolutamente abierto para esta reconciliación, pero al día siguiente recibió una nota anónima en la que se lo advertía y se lo amenazaba de muerte. ¿Por qué? Porque amaba y porque quería superar la discordia.

"Cuando lo que fue puede ser pasado, hay futuro"

Constelaciones políticas

Usted también mencionó a América del Sur y Canadá. ¿Cuáles eran los conflictos en esos casos?

En Florida vino una mujer a mi curso, una inca de Perú. Dijo que sentía como si su cabeza estuviera cortada. El emperador de los incas había sido decapitado por los españoles durante la conquista. Por eso, enseguida vi aquí una relación.

En la constelación hice que algunos representantes para los incas asesinados se coloquen de espaldas sobre el piso y que un representante para el antiguo emperador inca estuviera de pie junto a ellos. Éste se arrodilló inclinando la cabeza hacia las víctimas incas, aunque totalmente abstinente. También él estaba como muerto. De pie junto a él había tres representantes para los españoles, es decir, los conquistadores. Tampoco ellos se movían. Entonces incluí en la constelación a la mujer inca. Se dirigió al representante para el emperador e intentó revivirlo. Quiso levantarlo y ponerlo de pie. Sin embargo, él no tuvo ninguna reacción. Simplemente se dejaba caer y la mujer nada podía hacer. Era evidente que todos estos incas estaban muertos, para ellos lo que fue ya había pasado totalmente.

Entonces la mujer se unió a los españoles, tomó a uno de ellos de la mano y al otro también. En ese momento los representantes para los españoles miraron a los incas muertos y lloraron. Esto fue un movimiento reconciliador. La mujer miró nuevamente hacia la derecha y la izquierda y permaneció de pie junto a los españoles. Aquí interrumpí la constelación.

Pregunté a la mujer: "¿Qué pasa ahora?" Ella respondió: "Mi cabeza y mi cuerpo están nuevamente unidos".

Al día siguiente me escribió una carta diciendo que era una descendiente directa del último emperador inca quien había iniciado una rebelión contra los españoles y fue descuartizado en Cuzco.

Esta mujer primero se había movido en el campo de sus ancestros en el pasado y a través de la constelación pasó al campo del presente, con lo que ella pudo superar el pasado.

¿Quiere decir que esto es un ejemplo para como, a través de una constelación, las personas pueden pasar lentamente del "campo" del pasado a un nuevo campo?

En Venezuela las compañías petroleras les quitaron tierras a los aborígenes, donde ahora realizan perforaciones petrolíferas. Comprensiblemente esto generó resistencias no sólo entre los indígenas, sino también entre muchos otros. ¿Esta resistencia tiene futuro? ¿En las actuales circunstancias puede salvarse el pasado para los indígenas? No, solamente aquellos indígenas que saben dar por cerrado el pasado tienen un futuro, por ejemplo trabajando para las compañías petroleras. Solamente ellos.

Algo similar pude ver en Canadá. Una comunidad indígena me había invitado allí para dar un curso. En una pizarra puesta en la sala de reuniones estaba el lema: "Honoring the voices of the past" – "Honrando las voces del pasado". Habían agregado términos como honor, amor, humildad – bellos conceptos. Entonces les pregunté: "Al mirar esto, qué sucede en vuestras almas?". Todos se sentían tristes y paralizados.

El día anterior habíamos estado invitados a una conferencia en el centro comunitario. Una mujer comentaba que ahora se estaba produciendo una gran discusión y había mucho miedo por el futuro. Los indígenas tienen allí una montaña sagrada, la cual yo también escalé con ellos. Ella es muy importante para la gente y para ellos estas tierras son sagradas. Pero ahora en esta región de aborígenes, una gran empresa internacional quiere llevar a cabo exploraciones en busca de minerales, lo que implicaría profundas alteraciones para esta tribu. Nos solicitaron que apoyáramos las solicitudes presentadas a las autoridades gubernamentales para detener estas medidas. De acuerdo a la ley, estas regiones y su autonomía administrativa están aseguradas. Sin embargo, existe poca esperanza de que esta ley sea cumplida.

También aquí la pregunta era: ¿Dónde está el futuro?

Actualmente la situación allí es que los hombres son totalmente despreciados por las mujeres. Los hombres están vagando, porque no tienen futuro y como consecuencia el alcoholismo está muy difundido. Yo les dije: "Ustedes aún son guerreros y cazadores. En este aspecto aquí no hay nada que hacer. Esto ya pasó". Y les pregunté: "¿Dónde esta vuestro futuro? Ustedes deben transformarse de guerreros en trabajadores – allí está el futuro". Pues ellos tienen que pasar de ser guerreros a ser trabajadores. Esto fue una intervención política, que promueve un cambio de pensamiento en el alma.

¿No existe la posibilidad de integrar lo viejo en lo nuevo?

No, precisamente esto no existe. Lo que estos ejemplos tienen en común es que recién cuando el pasado puede ser pretérito, entonces hay un futuro.

¿No existe aquí una diferencia entre el espacio del alma y el espacio de la política?

Aquí se trata de lo mismo desde el aspecto del alma y la política. No hay diferencias. Este paso debe prepararse en el alma y a partir de allí emerge la acción decisiva. Después fui a Colombia, donde continúa la guerra civil y reina una violencia increíble. Prácticamente cada familia colombiana llora alguna víctima.

Hablé con una mujer que pretendía mediar entre las partes, los guerrilleros y los paramilitares, para que cumplan las reglas de la guerra. Yo le pregunté: "¿Qué reglas de la guerra deben cumplir. Si ninguna de las dos partes tienen objetivos reales; tan sólo son asesinos. De un lado se está asesinando y del otro lado también.

Mi cuadro era: Lo que aquí está sucediendo es que se está dejando sin efecto la colonización. Estos movimientos agresivos echan del país a la clase alta. Las circunstancias los obligan a ello.

¿Es decir que los otros se van, porque las fuerzas agresivas son tan fuertes?

En mi curso en Bogotá tenía a una mujer cuyo esposo había sido secuestrado por la guerrilla. Después fue liberado; probablemente ella había pagado un alto rescate. Ella decía que su esposo estaba totalmente cambiado y quebrado, como un niño.

Él era un ejecutivo de una gran fábrica azucarera con 3.000 empleados. Primero posicioné al hombre y frente a él algunos de los trabajadores. Ellos estaban increíblemente enojados con él. Después agregué un representante para los guerrilleros. En su corazón los trabajadores estaban del lado de los guerrilleros y era evidente que el hombre no había sido secuestrado con causa. La constelación mostró que esta familia debía irse del país. No había para ella otra solución, después de todo lo que allí había pasado. En ningún país viví tanta desesperanza como en Colombia.

En la universidad en Bogotá pasé un video sobre una constelación hecha en un curso en Oaxaca. Una mujer colombiana que simpatizaba con la guerrilla quería aclarar su situación. Puse cinco representantes para la guerrilla y cinco para sus víctimas. Éstos estaban acostados en el piso. Los representantes para los guerrilleros primero estaban absolutamente inmóviles. Entonces uno de ellos se acercó muy lentamente a las víctimas y una de las víctimas tironeó de un guerrillero queriendo bajarlo hacia sí. Pero él se mantuvo inmóvil. Un representante para los guerrilleros estaba totalmente paralizado; después resultó que era el líder. Después agregué una representante para Colombia. Su dolor era desgarrador. Tan desgarrador. No podía orientarse. Finalmente todos estaban en el piso con excepción del líder. Él dejó el campo.

También aquí se trató de lucha y resistencia. ¿Pero cuál es el resultado? ¿Cuántas victimas consume? Todo para nada. Simplemente es una de matar, matar, matar y el país sangra. No es que esta guerra fuera evitable. Ella es inevitable. Pero todos son como piezas de ajedrez, sin claros objetivos propios y finalmente tan sólo delincuentes. Quizás recién pueda cambiar algo cuando todos estén agotados.

Tenemos aquí dos manifestaciones: Por un lado usted dice que solamente trae muertes. Y por otro lado usted dice que tiene que ser así para que tal vez pueda iniciarse algo nuevo.

Así es.

¿Por qué usted denomina estas constelaciones "constelaciones políticas"?

Porque demuestran que las modificaciones del alma pueden tener efectos en el espacio público. Las modificaciones en el espacio público se inician en el alma. Como decía, mostré ese video en la universidad en Bogotá. Todos los espectadores lloraron, sencillamente lloraron. Estaban muy conmovidos.

Pero si quieren actuar, deberán enfrentarse al conflicto y llegar a ser parte del conflicto. La paz finalmente la harán los generales. Después de todo son los generales quienes lucharon y los que de repente advierten: Así esto no puede continuar. Entonces estarán capacitados para la paz.

¿Qué trata de decir con eso de los generales? ¿Primero hay que matar para estar capacitado para la paz?

No. Yo lo digo con respeto por todos, sin juzgar ni condenar a uno u otro. Al final estarán junto a aquellos contra quienes combatieron.

¿A qué apunta con ese mensaje?

Finalmente yo apunto a lo humano. La política que finalmente no genera algo humano no es una buena política. El arte de la política en un estado implica para mí unir a los hombres.

Cuando usted dice que finalmente se trata de lo humano, ¿cómo emplea usted este término? En el lenguaje cotidiano ello expresa un valor. ¿En su caso, qué es lo humano aquí?

Que ninguno sea mejor. Que tanto ser bueno como ser malo es igualmente humano. No es posible reservar lo humano sólo para el "lado bueno". Aquellos que así lo hacen, finalmente son los más inhumanos.

¿Qué quiere decir con inhumano?

Aquellos que se ponen en contra de otros hombres. Esto con el tiempo es inhumano.

En las constelaciones el "movimiento de paz" hace que los excluidos sean integrados. ¿Cómo es el caso de las constelaciones políticas? ¿Cuál es el núcleo?

En las constelaciones políticas, así como yo las practiqué hasta ahora, se trata de cómo un pueblo tiene futuro al cabo de años de lucha y de muerte. Se trata de que los victimarios y las víctimas se encuentren, que se haga posible un nuevo paso hacia un futuro en común. También ese movimiento de paz se inicia en el alma. ¿Y quién lo impide? Aquellos descendientes que en el presente continúan la lucha mediante condenas.

¿Usted dice que siempre es así?

Donde siempre que yo haya trabajado con ese cuadro. Sea en Israel, en América del Sur, en China donde el conflicto era entre japoneses y chinos, o con los indígenas: es siempre el mismo proceso. Los enemigos originarios pueden encontrarse en el reino de los muertos. Se les debe permitir que unos y otros se miren a los ojos, se perciban como seres humanos y descansen juntos.

Usted dice que esto sucede a través de movimientos del alma y que usted no interviene. Es decir que los muertos lo "quieren" y los descendientes con frecuencia lo obstaculizan. ¿Por qué los muertos no lo pueden lograr ellos solos?

En el campo no lo pueden lograr por sí mismos. Al menos, así sale a la luz en las constelaciones. Los descendientes se lo tienen que permitir.

¿Permitir cómo? ¿De qué forma se realiza?

Los descendientes unen en su alma a ambas partes. Por eso deben tomar en sus corazones a los victimarios y a las víctimas. De lo contrario no funciona. Si lo logran, entonces puede superarse el pasado. Los muertos pueden retirarse y estar realmente muertos. Entonces ya no hay revanchas y se mira hacia adelante.

¿Y en lugar de venganza, hay ahora lugar para el amor?

Podría decirse así.

Entonces quizás las constelaciones políticas generen algo como esa "unión" en el alma – el "re-cordar". ¿Pero hay un remanente individual? ¿Usted qué provoca políticamente?

Eso no me interesa. Yo planté una plantita, nada más. Pero sí esta claro, que hice algo que tiene buenos efectos.

"¿Entonces los polacos querrán más a los alemanes ...?"

Sobre las exigencias de reparaciones

Cuando usted visitó Polonia el año pasado, se estaban debatiendo las reparaciones que las asociaciones alemanas de refugiados habían pedido. Y algunos parlamentarios polacos analizaron en consecuencia exigir el pago de reparaciones de los alemanes. ¿Cuál es el efecto?

En un evento en Polonia les pregunté a los participantes:

"Imagínense que los polacos pagaran indemnizaciones a los refugiados. ¿Los refugiados entonces querrían más a los polacos? O al revés, si los alemanes pagaran indemnizaciones, ¿los polacos entonces querrían más a los alemanes? ¿Estarían conformes? ¿O todo esto seguiría infinitamente? ¿No hay que decir de una vez por todas que se terminó?".

Estos reclamos no sirven a nadie y no benefician a quienes realmente estaban afectados. Los refugiados de entonces han muerto casi todos. Y quienes causaron daño a los alemanes también están muertos casi todos. ¿Entonces para qué sirven las indemnizaciones? Los descendientes les exigen a los otros sin ellos tener un derecho propio. Casi ninguno sufrió algo en su persona.

Tal vez hayan sufrido en cierta medida a partir del sistema familiar. Niños traumatizados que perdieron al padre en la guerra, se enfermaron durante la huída, fueron expulsados de sus hogares.

¿Contra quién se dirigen los reclamos entonces? ¿Contra quienes los causaron? Tampoco ellos viven. En este caso se está retomando algo que pasó hace ya mucho tiempo y que debe estar concluido. Cuando un hijo que perdió al padre dice: "Ustedes me deben algo", entonces no mira al padre, sino que persigue algo diferente.

He aquí otro ejemplo: hace un tiempo se estrelló un avión Concorde. Ahora la familia de cada una de las víctimas recibió una indemnización de un millón. ¿Qué efecto tiene en sus almas gastar ese dinero? ¿Aún miran a los muertos? ¿Qué daño produce en el alma ese pago resarcitorio? La conexión con el muerto se interrumpe y es sustituida por el dinero.

Pero al mismo tiempo usted sostiene que todo debe darse por concluido. ¿Entonces para qué la conexión con los muertos? Y otro punto: ¿Usted también ve del mismo modo las reparaciones que Alemania pagó a Israel?

Seguramente fue bueno que Alemania haya pagado reparaciones a Israel. Pero hay un límite. ¿Pero qué no hicieron los alemanes? No les devolvieron sus casas a los judíos. ¿Quiénes viven aún en qué casas de los judíos? ¿Qué pasó con el inventario, qué pasó con las casas? ¿Quiénes se enriquecieron con ello? ¿Se les devolvió algo a las víctimas y a sus descendientes? Estos serían los pagos indemnizatorios que corresponderían – de persona a persona.

En su película "Shoa", Claude Lanzmann preguntó a polacos que habitaban pueblos de los que fueron deportados judíos, quién había vivido anteriormente en sus casas. Fue un cuadro impresionante. Estaban apoyados en la puerta o sentados delante de la casa y contaban de los judíos que antes que ellos vivían en esas casas. Parecían sorprendidos y un tanto avergonzados, cuando Lanzmann les formuló esa pregunta.

¿Cómo lo piensa en la práctica para Alemania: el armario no me pertenece, es el armario de Aarón fulano? ¿O acaso: la casa pertenecía a un judío – es decir que debo irme? Los judíos que aquí vivían ya no existen, están muertos, fueron asesinados. Solamente muy pocos pueden restituir de persona a persona.

Uno no puede quedarse con eso. Es demencial. Uno no puede vivir en esa casa; allí dentro todavía está el otro. Además del aspecto jurídico, desde el punto de vista del alma, esta propiedad por generaciones tendrá graves consecuencias para aquellos que se benefician con ella.

Estos serían los verdaderos pagos de reparación. ¿Pero que lo haga el Estado y el individuo no paga o entrega nada ...? Yo lo veo en esa dimensión del alma.

"No pretendo ser dueño de la verdad"

Sobre la movilización del alma y lo no aprehensible

Usted escribió que las constelaciones familiares serían "neutrales en cuanto a su objetivo". ¿Qué significa esto?

Cuando comencé con este tema, solamente quería ver, qué surge, acerca de las relaciones en una familia, si se la dispone en un espacio mediante representantes. Así como yo lo hice, fue una novedad metodológica. Se demostró que resultó visible algo respecto de las dinámicas en las familias que anteriormente no se podía ver.

Las constelaciones familiares y las respectivas experiencias abrieron una visión del mundo totalmente diferente. Lo que llega a la luz a través de las constelaciones familiares echa por tierra preceptos básicos de la ciencia, la filosofía y la psicología. Esto es algo que da miedo.

También Freud[40] le dio un profundo susto a la sociedad burguesa. Una imagen del hombre que dice: tú no tienes poder sobre ti, tú reprimes y estás controlado por tus impulsos, es una profunda ofensa para el pensamiento de comienzos del siglo XX. Usted ofende a las personas en su idea de ser autónomos y libres, cuando dice: estamos insertos, estamos todos enmarañados.

Yo solamente pregunto: ¿qué ayuda? ¿Qué ayuda a padres; qué ayuda a niños? ¿Qué sirve a la paz?

Si tomamos a Sigmund Freud y a Carl Gustav Jung[41] con aspectos diferenciados para explorar el inconsciente, ¿dónde se ubicaría usted?

---

[40] Sigmund Freud (1856-1939), médico neurólogo en Viena y fundador del psicoanálisis. [N.d.T.]

[41] Carl Gustav Jung (1875-1961), psicólogo suizo, formuló la teoría del inconsciente colectivo. [N.d.T.]

En Freud se trata de darle un lugar al conflicto de los impulsos sexuales. Cuando los impulsos tienen su lugar, entonces dejan de ser peligrosos. Al mismo tiempo, traspone así en muchos aspectos los límites de la moral reinante. Lo que en la familia estaba mal visto, ahora es apreciado bajo otra luz. Su aporte en el plano individual conduce más allá de los límites de la conciencia. Esto tuvo como consecuencia una enorme liberalización y descomprimió la moral estricta, por lo que también aquellas personas que no hacen psicoanálisis tienen hoy un margen más amplio. Fue un acto pionero increíble. Por lo demás, también Freud ya tenía un cierto conocimiento de los enredos.

¿Qué es lo nuevo que usted agregó?

El descubrimiento de que los representantes para miembros de la familia dispuestos en el espacio sienten igual que las personas reales ya data de antes. Lo demostró Thea Schönfelder. Virginia Satir hizo esculturas familiares. Lo nuevo son los conocimientos con relación a los alcances que ello puede tener. Los conocimientos respecto de las dinámicas de la conciencia y de la culpa también son nuevos. Se hicieron visibles las dinámicas sistémicas que observamos en las constelaciones, es decir, vínculo, compensación y orden. En las constelaciones emerge a la luz nuestra dependencia de las generaciones anteriores. Podemos apreciar cómo ellas y sus destinos influyen en nosotros, por ejemplo, cómo nos enferman, nos pueden inhibir, pero simultáneamente también curar, cuando salen a la luz.

Usted continuó desarrollando su trabajo. Usted lo llama "movimientos del alma". ¿Cuál es la diferencia con las constelaciones clásicas?

Actualmente muchas veces posiciono solamente a una persona. Con frecuencia hasta al paciente mismo, ni siquiera un representante. Se le deja suficiente tiempo hasta que se despliega algo acerca de un movimiento. Entonces se puede apreciar en sus movimientos cómo todo un sistema lucha por una solución y encuentra esa solución. Ya a partir de los movimientos queda claro lo que el sistema necesita. Para mí queda demostrado que el campo familiar está presente en esa persona, sin que sea desplegado por los representantes para todos los miembros de la familia. Tiene efecto a través de esa persona. Por ejemplo, cuando un representante dirige su mirada al piso, se sabe que allí falta un muerto y entonces se le pone uno delante. Y así continúa paso a paso sobre la base de los movimientos que se dan. Se construye una solución que parte del propio paciente. Quizás se agreguen más representantes y en él todo se ve, qué es lo decisivo para el sistema. No se despliega la solución, sino solamente el movimiento que es necesario para que algo pueda resolverse. Apenas comenzó el movimiento decisivo puedo interrumpir.

Originariamente usted disponía a representantes para todos los miembros de una familia. Después usted miraba cómo estaba desplegado el sistema. Sobre la base de la gramática de la constelación usted ya podía detectar algunos aspectos. Usted preguntaba a los representantes por su percepción y por cómo se sentían, los cambiaba de lugar y les preguntaba nuevamente para finalmente hacerles decir determinadas frases, que tenían un efecto resolutivo. Era un proceso de búsqueda que pasaba por las comunicaciones de los representantes, por la forma en que estaban distribuidas las personas en el espacio y por cómo se sentían allí. Hoy usted ya no recibe esa información si solamente posiciona un representante o dos. ¿Qué cambió exactamente?

Mi cuadro de entonces era: Una familia con problemas busca el orden adecuado para ella. En el curso de la constelación se hallaba ese ordenamiento, el cual quedaba en evidencia porque todos los representantes se sentían bien. Después muchas veces le hacía decir frases al paciente, que le posibilitaban internamente la adaptación al orden reconocido y le ayudaban a salirse de un enmarañamiento. Por ejemplo frases como: "Ahora me quedo", "Ahora estoy para ti" o, cuando alguien había rechazado a su madre, "Ahora te doy la honra", "Ahora acepto lo que me obsequias". Con ello algo se activaba en el alma. También existía la reconciliación por medio del abrazo. A veces el ordenamiento exigía que el paciente se retirara. Las constelaciones familiares efectuadas de esta manera constituyen una tarea maravillosa, lo que puede apreciarse a través de sus resultados.

Pero de modo similar a la terapia primordial, vi que yo no necesitaba tanto. Para este trabajo necesito solamente una persona o dos, mientras las demás se incluyen mediante el pensamiento o el sentimiento. El paciente que plantea su tema es en realidad un representante para todo su sistema. El no está aquí sólo por su persona. En él sale a la luz lo que el sistema necesita. Su movimiento como constelado no es sólo su movimiento personal. Él se mueve como miembro del sistema. Mientras él se mueva, se mueve algo en todo el sistema.

Sin que el sistema siga allí a través de representantes. ¿Entonces el proceso de búsqueda prácticamente se desenvuelve mediante el movimiento?

Sí. Y la solución a veces está muy lejos.

En ocasión de las constelaciones familiares muchas veces tengo una imagen de lo que sería una buena solución. Aquí, con los movimientos del alma ya no hay imagen alguna. Mientras que en las constelaciones familiares intervengo con frecuencia, en estos casos lo hago sólo en pocas oportunidades. Hay algo que se desarrolla a partir del alma, sin intervención de afuera. Desde un inicio el paciente ya está en el camino. La realización ya comienza en la constelación.

¿Cómo lo descubrió?

En la constelación familiar solía preguntar cómo se siente un representante. Después comencé a no preguntar más. Simplemente esperaba un largo rato. De pronto, el representante se movía por propia iniciativa. Yo siempre había observado en las constelaciones que, por ejemplo, alguien se caía o un representante tenía temblores o una contracción.

Pero esto es parte de la "existencia normal de un representante", que a veces de pronto se sienten en el cuerpo los síntomas de quien uno representa. Al comienzo sorprendió a todos, como si fuera magia, pero hoy ya es habitual que suceda eso. ¿Qué hay ahora para usted de especial o de diferente en este aspecto?

Hoy veo estos síntomas con otros ojos. Un representante repentinamente es preso de algo que no le pertenece sólo a él, sino que en él se muestra un movimiento de su sistema. Yo veo esos movimientos en una interrelación más amplia.

¿Es en sus ojos un movimiento diferente al que se genera a través de los síntomas?

Sí. Hoy confío plenamente en lo que aflora por sí mismo. Cuando comencé a esperar cómo se desarrollan esos movimientos, en efecto se produjo un movimiento propio, en el que se mostraba una solución tanto para el paciente como también para su familia. Eso era una novedad. Yo lo veo así: Los representantes son conmovidos por un alma mayor y no por su propia alma – son captados por algo distinto.

¿Entonces se trata de otro plano y no solamente la representación de un individuo?

Sí. Un alma mayor busca y encuentra una solución a través del representante, porque nadie interviene. Esa fuerza mayor que se hace visible por medio del movimiento del alma en el representante, controla la vida personal y todo el sistema – y hasta el curso de la historia. Nosotros participamos de esa alma. En lugar de tener un alma, tenemos parte de ella. Esos movimientos van todos en el mismo sentido y unen algo que previamente estaba separado. Son movimientos orientados a la reconciliación.

¿Cómo ve usted de qué tipo de movimiento se trata? ¿Los representantes también podrían moverse por sí mismos? ¿Qué diferencia hay entre estos movimientos y otros?

Ellos son totalmente distintos. Mirando el cuerpo, ellos comienzan debajo del ombligo, desde lo más profundo. Los representantes son impulsados; no pueden hacerlo de otro modo.

Otra vez: el fenómeno de que un representante asume movimientos del sistema era conocido. Un representante en la constelación de pronto tiene convulsiones. Usted le pregunta al paciente y él dice que su abuelo sufría ataques epilépticos. Esto todavía está en el plano de la representación individual. Uno se mueve como el abuelo a quien está representando. ¿Entonces en el movimiento del alma se trata de más? ¿Puede dar un ejemplo acerca de dónde se percató de ello?

Una de mis primeras constelaciones con este nuevo presentimiento fue con un hombre judío. Ahí observé por primera vez que hay un movimiento del alma, que en lo profundo tiende a una unión – aún de un asesino con su víctima. Entonces me quedó claro por primera vez que yo podía confiar en esos movimientos y que allí está sucediendo algo que se opone al pensamiento normal y moral. Algo más se hizo patente: de una vez tanto victimarios como víctimas se sintieron controlados por otro poder, en cuyas manos están de idéntico modo. Desde entonces le hice un seguimiento y confié en esos movimientos.

¿Hay al respecto un ejemplo de su trabajo con constelaciones políticas?

Hace unas semanas estuve en Nicaragua, donde durante muchos años gobernó el dictador Somoza[42], quien había explotado el país. Su opositor era Sandino, quien fue asesinado por Somoza; también Somoza más tarde fue asesinado estando en el exilio. Los sandinistas invocaron a Sandino y desencadenaron una guerra civil contra Somoza y sus partidarios. Desplazaron alrededor de un tercio de la población, especialmente a los indígenas. Finalmente los sandinistas fueron derrotados, tal como anteriormente Somoza. Si bien ejercieron el poder más tarde, pronto dejaron de tener el apoyo de la población. Ahora ambos episodios concluyeron: Somoza y el régimen sandinista. Hay ahora un gobierno elegido democráticamente y una gran necesidad de encontrar una respuesta a la pegunta: ¿Cómo volvemos a unirnos después de esta terrible guerra civil? Todavía viven muchos de los combatientes de entonces y por supuesto sus descendientes.

A mi curso asistieron también la jefa de policía de Managua y algunos altos militares. También estaba presente la hija de la primera presidenta. En fin, personas de la conducción. La jefa de policía había estado en el servicio secreto de los sandinistas, de modo que estaban representados todos los "sectores" del pasado.

---

[42] Asesinado Sandino, asumió Anastasio (Tacho) Somoza quien gobernó desde 1934 hasta su asesinato en 1956, su hijo Luis entre 1957 y 1963 y su otro hijo, Anastasio (Tachito) de 1967 a 1972 y de 1974 a 1979, cuando fue derrocado por fuerzas revolucionarias sandinistas y después asesinado en el exilio, mientras continuó la guerra civil desencadenada. [N.d.T.]

Entonces dispuse un representante para Somoza y uno para Sandino. Cerraron sus puños y se iban acercando lenta y agresivamente. Entonces posicioné entre ellos a tres representantes para las víctimas de la guerra civil. Eso los calmó. El representante de Somoza miró hacia abajo, hacia las víctimas y también Sandino. Entonces Somoza fue al piso y se arrastró alrededor de las víctimas para finalmente acostarse transversalmente a ellas. También Sandino fue al piso y se arrastró despacio hacia Somoza a cuyo lado se acostó – como si quisiera estar en la misma tumba que él. Todo ello sucedió sin intervención externa.

¿Quiénes eran los representantes?

Dos españoles. Después agregué a una representante para Nicaragua, quien solamente gritó de dolor y se acostó junto a los muertos. Este es el final de la guerra civil. Entonces uno se pregunta. ¿Para qué? Finalmente sólo muerte.

Más tarde sumé tres representantes para los descendientes de los partidarios de Somoza y tres para los descendientes de los sandinistas. Estaban enfrentados y de pie, de modo que las víctimas estaban entre ellos. Lentamente se acercaron unos a otros y se estrecharon las manos. Luego pedí que se levantara la representante de Nicaragua. Los descendientes formaron un círculo a su alrededor, tomándose de las manos y Nicaragua suspiró aliviada.

¿Quién había planteado un problema?

El problema era de todos. Todos los participantes estaban profundamente conmovidos. Es lo que yo entiendo por cumplir un trabajo para la paz. Y vuelve a demostrar, cuál es la clave: Todos, tanto un partido como el otro, solamente promovieron desgracias. Ellos vieron que solamente promovieron desgracias y se pusieron junto a los muertos. Los sobrevivientes, los descendientes ahora lo dejan todo tras de sí – sin reproches contra el otro partido, sin reproches entre sí. Esta es la solución. Comienzan desde el principio y dejan tras de sí el pasado. Fue una constelación especial, que demostró cómo los movimientos del alma unen en un plano más profundo algo que está separado.

¿En las constelaciones políticas usted trabaja primordialmente con los movimientos del alma?

Sí, por lo general, se desarrollan sin una intervención externa. Tan sólo a veces agrego a algún participante. Esta sería la única intervención. Por eso son tan enérgicas, sin intenciones propias y sin metas ciertas.

¿Pues para qué es menester el conductor de la constelación?

Él pone en marcha la constelación diciendo quién será posicionado. Por ejemplo, que yo en este caso haya dispuesto a Somoza y Sandino; que yo sepa cuál es el paso próximo, cuando por ejemplo agrego a las víctimas o sumo a Nicaragua. Lo pongo en marcha mediante mi intervención. Sin conductor esto no funciona. Pero después dejo todo a cargo de los movimientos de los representantes.

De las constelaciones familiares sabemos que por lo pronto puede requerir un tiempo, hasta que los representantes accedan a su percepción y no interpreten. Que no pregunten: "¿Qué debo pensar o hacer ahora para que sea lo correcto?, sino que confíen en su percepción. Un conductor de constelaciones conoce la diferencia entre percepción e interpretación, entre otras cosas también porque asimismo se habla. Usted trabaja totalmente en el plano no verbal con los movimientos del alma. ¿Cómo puede ver usted si esto es un movimiento del alma? ¿Si alguien se mueve efectivamente como representante o si quizás actúa, dramatiza, juega?

Lo veo de inmediato. En ese caso todos los participantes se inquietan.

Sería la reacción de terceros que puede ser una señal.

Todos ingresan al campo del mismo modo. Todos son movidos por él. No hay forma de hacer trampas.

¿Puede leerse en el movimiento como tal, con qué estamos tratando?

Como regla: de inmediato.

¿En qué difiere un movimiento provocado e intencional de un movimiento no intencional?

Un movimiento que está en conexión con el campo es muy lento. Cuando alguien se adelanta con dos pasos a la vez, enseguida queda fuera del campo.

Es decir que los tiempos son un criterio. Pero también se lo podría ejercitar, aprender a actuarlo bien.

Esto aquí no se puede. Estos movimientos son de una intensidad increíble. Cuanto más lento el movimiento tanto más intenso es. Tanto los representantes como el conductor sienten fuertemente el impulso de intervenir, de acelerar el proceso. Un conductor debe poder soportar esta lentitud y no lo podrá hacer si tiene alguna intención.

¿De modo que tampoco puede tener alguna hipótesis?

Tampoco eso sirve. Tiene que retirarse internamente y concentrarse y pasar a la no intencionalidad y al vacío. Son movimientos profundos casi espirituales. Solamente quien realmente se introduce, puede acompañar los movimientos e intervenir ayudando, si fuese menester.

Usted había dicho que el conductor permanece absolutamente fuera.

Él se introduce no introduciéndose. Suena contradictorio. En ese caso, yo internamente me retiro totalmente, para no ejercer influencias mediante algún deseo sobre el alma del otro. En las constelaciones familiares miramos a las personas. Aquí miro el destino al cual están entregados los miembros de un sistema. Entonces siento por ejemplo: La madre ahora debe ir allí. Como observador no podría. Porque penetro, oigo a la madre, por así decirlo u oigo gritar a un niño. Estoy intensamente metido dentro sin que yo me introduzca.

"... que lo impensable se torne visible"

Sobre la información y el campo

Mientras tanto en materia de constelaciones se ha arribado a una determinada validez. Se ha experimentado y comprobado empíricamente que distintos conductores con diferentes representantes arribaron a soluciones equivalentes respecto de similares preguntas. Hay también investigaciones sobre el efecto de las constelaciones: una disertación en la Universidad de Munich y una de Witten/Herdecke. ¿Puede existir realmente algo parecido con relación al movimiento del alma?

No, porque cada una es diferente. Estos movimientos no se rigen según ciertas leyes, con excepción de la lentitud.

Hay aquí conocimientos, claro está, pero ellos son transitorios. Lo esencial en los movimientos del alma es que se tornan visibles conexiones, que hasta ahora eran impensables para mí.

Doy un ejemplo:

Alguien vino y dijo que sus cuatro hijos no estudiaban en

la escuela. Hablamos brevemente y me dijo que su esposa había tenido un aborto en una relación anterior. En consecuencia solamente dispuse al niño abortado y los cuatro hijos. Después agregué a su madre porque con frecuencia había visto que una mujer que aborta no tiene una relación profunda con su madre. Pero tampoco así resultó nada. Entonces interrumpí este trabajo. Después el hombre me dijo que la madre de la mujer tenía dos hijos. Con el segundo hijo tuvo grandes complicaciones, por lo que se le había aconsejado no tener más hijos. Sin embargo, otra vez quedó embarazada con un tercer hijo. Se le dijo que existía peligro de vida y por eso había abortado ese hijo.

¿Esa era entonces la madre de la mujer que vino a la constelación?

Sí. Entonces volví a disponer: la mujer y su madre con el niño que tuvo que ser abortado. Después sumé al padre de la mujer. El hijo abortado se arrastró por entre las piernas de su madre hacia la representante de la paciente. Este niño repentinamente comenzó a respirar muy fuerte como si lo estuvieran estrangulando, pero el padre estaba allí de pie y con los puños cerrados. Entonces quedó claro que el niño fue asesinado. No fue abortado.

¿Decían que la madre había abortado, resultando finalmente que el padre había matado al niño?

Exacto. Entonces dispuse al hijo abortado de la mujer. Cerró los puños al igual que su abuelo. El hijo abortado de la mujer estaba identificado con el padre de la mujer, con el asesino. Nadie se puede imaginar esto. Luego el niño "abortado" de la madre de la mujer miró hacia su padre y dijo: "Te amo". En ese momento se ablandó y fue al piso. El niño abortado también se ablandó y se acostó a su lado. En consecuencia la mujer, es decir la paciente, pudo acercarse a su hijo abortado para abrazarlo.

Después nuevamente desplegué a los cuatro niños y agregué al niño abortado de la paciente. Todos estaban felices. Esto demuestra lo profundo de estos movimientos – totalmente diferente a lo que imaginábamos, absolutamente más allá de todo juicio y condena moral.

De todo ello, ¿qué es lo que no saldría a la luz en una constelación habitual? ¿Qué sería aquí lo destacable de los movimientos del alma?

El hecho que fue un homicidio solamente pudo establecerse sobre la base de los movimientos del alma. Solamente por los movimientos. Estos movimientos se desarrollaron sin palabras, con excepción de esa única frase.

Y debido a que usted tal vez lo "interprete" como un homicidio porque cerró los puños.

El niño "abortado" se alejó de él por iniciativa propia. Es decir que huyó y se prendió de los pies de la representante de la paciente. Y comenzó súbitamente con movimiento como de alguien que es estrangulado. Esto significa que el hecho mismo se desarrolló ante nuestros propios ojos, mientras el padre miraba para otro lado y cerraba los puños. Que aquí hubo un asesinato, desde los movimientos estaba absolutamente claro.

Es lo que usted dice. Quiero volver a preguntar. El niño que supuestamente fue abortado se movió hacia la representante de la paciente que constelo. El niño abortado de la paciente cerró los puños tal como lo hiciera su abuelo. A partir de ello usted deduce dos cosas: El padre de la paciente asesinó al niño y el hijo abortado de la paciente está identificado. ...

193

Ahora estamos en un plano totalmente diferente. Usted pregunta si es cierto o no es cierto. Usted inicia una investigación judicial. Sin embargo esto ya nada tiene que ver con los movimientos del alma. Yo no los interpreto. Nosotros podemos ver lo que allí se desarrolla. ¿Pero quién se anima a decirlo? Suele comentarse: ¡Pero cómo puedes decir eso, si tú no tienes información! Aunque evidentemente el proceso se desenvuelve así.

¿La "veracidad" de los movimientos del alma no tiene nada que ver con información?

A veces, especialmente cuando se trata de esquizofrenia, el acontecimiento decisivo se produjo hace tantas generaciones que ya no puede haber absolutamente ninguna información. Pero en el campo la información aún subsiste y se muestra a través de los movimientos del alma.

¿Entonces de dónde provienen los movimientos?

Tiene que haber allí un campo energético. Si se lo puede verificar científicamente, es una pregunta distinta. Esta pregunta más bien se opone a la solución. En el momento en que yo quiero saberlo, ya no estoy en conexión con la vida y con que la vida continúe de buena forma. Se trata de preguntas abstractas.

"Si indago, mi intención es egoísta"

Sobre la verificación de éxitos y las pruebas de la eficacia

¿Entonces usted dice que, una vez concluida la constelación, los niños y toda la familia se habrían sentido bien y ese efecto habla en su favor?

Totalmente.

Me gustaría saber si los niños ahora han mejorado en la escuela, si les resulta más fácil estudiar.

Muchos quieren saberlo. Si indago, entonces tengo una intención – y ésta es egoísta.

La pregunta sería: ¿Fui exitoso? ¿Lo hice bien?

Precisamente. Entonces no me preocuparían los niños. Una curiosidad tal interfiere con el movimiento sanador. Para los niños sería grave, si yo preguntara.

Esto me hace suspirar profundamente.

Sí, ya lo sé. Muchos se molestan en este sentido. Ellos quieren tener pruebas. ¿Pero quieren esas pruebas para que a los niños les vaya mejor?

Supongamos que ellos pretendan solamente algo bueno.

Yo no supongo nada bueno. Ellos no tienen presentes a estos niños y no tienen respeto por la familia, ya que invaden su intimidad con curiosidad.

Cuando se trabaja de terapeuta, también corresponde la pregunta: ¿Tiene efecto lo que estoy haciendo u ofreciendo? Usted dice: me pongo a disposición con algo que es efectivo. Pero en su pensamiento cotidiano la gente quiere saber, si más allá de la constelación tiene un efecto real. ¿Usted no quiere saberlo? ¿Piensa usted que ese "querer saber" hace peligrar la autonomía del paciente?

Tal vez. Mi trabajo concluye cuando finaliza la constelación. Punto. Nada más. Esta es mi postura. ¿Qué persiguen aquellos que quieren tener pruebas de la efectividad? ¿Les interesan las personas? ¿Realmente quieren que se les pruebe algo? ¿Y si tienen las pruebas, actuarán acorde? ¿O exigirán nuevas pruebas?

Quizás solamente se pregunten: ¿Si le doy esta píldora, el paciente realmente se curará?

Este es el plano de la medicina. Es allí donde hay que investigar este punto. Gert Höppner lo hizo muy bien en su tesis doctoral sobre el trabajo de las constelaciones, porque no interfirió en el proceso. Él mismo se mantuvo fuera. Pero si le pregunto a un paciente: "¿Tuvo efecto?", entonces estoy interfiriendo.

En un video no puede ver lo que es o no un movimiento del alma. Yo he visto diferentes videos, a partir de los cuales no puedo percibir mucho. ¿Es posible trasmitirlo por video?

No. Cuando yo después veo el video, sólo puedo introducirme hasta un cierto grado, porque no estoy en el campo. Por lo general, entonces no sé cuál sería el próximo paso. A veces, después me llegan a sorprender las intervenciones que hice.

¿Qué se necesita como mínimo para trabajar en este aspecto?

Quien trabaja con los movimientos del alma debe transitar una especial senda de esclarecimiento: hacia el vacío, hacia la concentración, hacia la retracción. Solamente así habrá suficiente espacio para el movimiento, que siempre será diferente a lo que uno supone. Cada uno de estos movimientos trae consigo conocimientos que antes no existían.

¿Puede dar otro ejemplo más?

Tuve una constelación en Japón. Había una mujer cuya representante cerró los puños frente a su madre. Yo le dije: "Dile: 'I will kill you' – 'Te mataré'." Y ella lo dijo con energía. Después coloqué a la propia paciente. Cuando le sugerí decir lo mismo, ella dijo: "No puedo decir eso, pero yo quiero que muera". Bien, parece no haber una gran diferencia y yo dije: "No puedo hacer nada contigo. Con alguien que rechaza a su propia madre, nada puedo hacer". E interrumpí. Yo sabía que iría a suicidarse. Naturalmente alguien así se suicida. No tenía otra alternativa.

¿Cómo lo sabe?

Permítame terminar. Yo no hice nada. He honrado a la madre y olvidé a la paciente. Yo me retiro de una situación como esta olvidando al paciente y lo abandono totalmente a su destino y a las consecuencias de su conducta y su postura.

Poco antes de finalizar el curso volvió la mujer, muy llorosa, diciendo que quería volver a constelar.

Intenté desplegar a la familia, pero no fue posible. Fue entonces que Harald Hohnen me dio un consejo: Tal vez funciona con una fila de antepasados. Dispuse, pues, a la paciente y frente a ella a la madre. Nada sucedió. Después agregué a la madre de la madre y tampoco resultó. Después a la abuela – nada. La bisabuela y así sucesivamente. Llegamos a ocho representantes para las generaciones. No había conexión de la madre hacia la hija. La última, la octava, retrocedió mirando al suelo. En una constelación esto siempre significa que se mira a un muerto. Pedí a un hombre que se acostara delante de ella. De los movimientos de los participantes era fácilmente deducible que aquí se había tratado de un asesinato. La paciente se arrodilló –y aquí se inicia el movimiento del alma–, se arrastró hasta esa víctima y la abrazó. Al suceder ésto, también la representante de la última antepasada se dirigió al muerto y lo tomó en brazos. Luego puse al muerto a su lado y frente a ella a la representante de la séptima generación. De repente se produjo la conexión de madre a hija.

Es decir, de la de la octava generación a la de la séptima generación.

Exactamente. También ella giró hacia su hija y así sucesivamente hasta el final. Así el amor volvió a fluir a través de todas las generaciones. Había estado interrumpido muy atrás, en la octava generación. En esta serie ancestral desde entonces no había habido ninguna relación afectuosa entre madres e hijas porque muy atrás había quedado algo pendiente.

Finalmente la paciente se arrodilló ante su madre, abrazó sus rodillas y le dijo: "Querida mamá".

Vemos aquí cómo actúan los enredos. Esta paciente antes no podía comportarse de otra forma. Estaba identificada con la asesina. A veces, es necesario disolver una maraña que con frecuencia data de hace muchas generaciones, hasta que se logra el movimiento de apertura hacia la madre. Esta constelación era una combinación entre los movimientos del alma y el procedimiento habitual.

En una constelación familiar estoy sujeto a determinadas informaciones provenientes del sistema. Antes, un conductor de constelaciones estaba atado de manos, si alguien no sabía nada acerca de su familia. Ahora usted dice que en el plano de los movimientos del alma, las informaciones surgen del propio sistema, del "campo". Ellas exceden lo que nosotros quizás podamos saber y se "muestran" a través de los movimientos.

Sí. Frecuentemente viene alguien y dice que no sabe nada acerca de su familia. Entonces yo digo: Bien, entonces lo descubriremos mediante la constelación. Elijo un representante para él y lo dispongo. Se inicia un movimiento y paso a paso algo del sistema sale a la luz. Sencillamente mirando a esa persona y observando sus movimientos. Por ejemplo, se da vuelta. Entonces coloco a alguien delante de ella. O dispongo a un representante para el secreto y repentinamente se desarrolla un cuadro que muestra qué está sucediendo. De inmediato el paciente se ve afectado. De este modo y ya no como antes, ahora necesito poca y frecuentemente ninguna información sobre la familia, cuando trabajo con alguien. Yo recibo los datos importantes a través de los movimientos del alma.

"Todo lo movido fue movido por algo"

Sobre otros poderes, religión y libre albedrío

En la homeopatía existen altas potencias, es decir remedios en los que ya no se detecta sustancia alguna. Según una opinión, en virtud de la potenciación la "sustancia" subsiste solamente como una información en el agua o en el azúcar, ingresando así al organismo y provocando algo en el "sistema hombre".

Quiere decir que usted confía en las informaciones que emergen del sistema a través de los movimientos. Usted dice: Esto "se" ve; yo diría en una primera instancia: usted lo ve. No cualquiera lo ve, menos aún un principiante.

Para ello se requiere experiencia, que hay que aprender paso a paso. Comienza con la postura interna; es un camino de crecimiento. No obstante, a veces ni siquiera los movimientos del alma nos aproximan a una solución. También ellos llegan hasta un límite.

¿Tiene un ejemplo para eso?

Una familia tiene un hijo impedido y los padres se recriminan tal condición. Es una ayuda para ellos mirarse con amor y asegurarse mutuamente que juntos se ocuparán de ese niño. Pero a veces esto no es suficiente. Quizás ellos se pregunten: ¿Por qué nos toca este destino? Deben entonces ver el destino del niño más allá de éste. Por ejemplo, entonces se puede disponer un representante del destino frente al padre, la madre y al niño y ellos se inclinan profundamente ante este destino. Yo he descubierto que tan sólo esta reverencia tiene un efecto increíble. Es ilusorio creer que siempre se hallará una solución solamente a través del mero movimiento del alma.

Hay veces que veo, por ejemplo, que alguien es arrastrado incontenibLemente hacia la muerte. ¿Qué hago entonces? O alguien se siente culpable de la muerte. ¿Con cuál de los métodos habituales puedo lograr algo? ¿O la ayuda llega aquí a un límite y la abstención se hace más importante donde recién cuando suspendo la acción, se inicia la ayuda propiamente dicha?

Podría imaginarme que respecto de la postura interna rige algo similar para acontecimientos como la gran marejada en Asia. ¿Qué se puede hacer en esos casos, además de colaborar con la reconstrucción?

Exactamente. Queremos ayudar, queremos hacer algo y esto también es lo apropiado. Pero mi postura es: yo miro tras ese acontecimiento hacia algo más grande, lo cual, sin embargo, no puedo definir y me inclino.

En una situación como la gran marejada me inclino ante ella y digo: "Sí". Esto lo hago en mi interior, con lo que accedo a otra energía. Cuando trato con sobrevivientes que lo viven con mucha proximidad –piense en las fotografías de madres con sus hijos muertos en brazos y su tremendo dolor–, no hay allí una solución en el sentido corriente. En esta área no existe una solución. Resta tan sólo mirar hacia el destino del niño y reconocer: este fue su tiempo en la vida, este fue su fin. Y después mirar hacia el poder tras la marejada y sencillamente detenerse ante lo incomprensible. Esto dispara algo y, por ejemplo, la madre puede enterrar al hijo, permaneciendo ella en conexión con esa otra energía. Después y al cabo de cierto tiempo, ella podrá volver a incorporarse a la vida.

Este es un aspecto religioso.

Cuando se trata de las últimas instancias, es inevitable. Pero está oculto. No hay allí ninguna pregunta, ningún ruego, ninguna ayuda – no hay nada, absolutamente nada; solamente detenerse. Es esta una imagen que nos hace humildes, nos remite a nuestros límites. Si consentimos ese límite, sentiremos serenidad y fuerza.

También significa que aquí finaliza la presentación fenomenológica. ¿Comienza entonces lo religioso?

En el fondo uno se expone al límite propio. En la fenomenología se trata del reconocimiento esencial. Reconocimiento esencial significa: yo sé lo que debo hacer. Está orientado a la acción y está relacionado con la sabiduría, porque yo sé lo que puede ser y lo que no puede ser.

Pero aquí se trata de exponerse a una interrelación más amplia – más allá de la acción, donde ya no hay acción. Es una postura que no quiere saber más, porque sabe que no puede saber. En este punto uno deja caer toda esperanza. Uno se abre, sin intención, sin temor, sin amor y aún así constituye una última concentración. Aquí también concluye lo religioso. Quien arriesga esta mirada amplia tiene la energía de actuar por otra vía – sencillamente por su estar-aquí [43].

¿Pero esto no es igualmente religión? Usted dice: "Todos estamos al servicio", "Nos mueven a todos". Es más que sólo una postura.

Es una reflexión filosófica de la que resulta un punto de vista.

Cuando digo que cada uno está al servicio, dejo sin efecto la diferenciación entre lo bueno y lo malo. Esto genera críticas. No tanto en aquellos que se ven ellos mismos puestos al servicio, sino en aquellos que no quieren reconocer que también

---

[43] o en el sentido de 'lo consciente'.

los otros que piensan y actúan distinto, están puestos al servicio – y de idéntica manera. Aristóteles habla aquí del motor inmóvil. Éste mueve todo sin moverse. Este concepto del mundo hace difícil mantener las diferenciaciones habituales.

Quien mantiene sus diferenciaciones entre "buenos" y "malos" expresa con ello asimismo: Los unos tienen un derecho a la vida, los otros no tienen ese derecho. Se pone entonces en el lugar de la fuerza primera y del motor inmóvil.

Mi concepto del mundo me permite renunciar a esta diferenciación entre lo bueno y lo malo. Todos sirven al Todo de alguna forma y manera. Este es el sentido más profundo de "estar puesto al servicio".

¿Es esto verdad?

En la pregunta por la verdad se incluye que debemos encontrar la verdad - ¡como si pudiéramos hacerlo! ¡Como si tuviéramos que hacerlo! ¡Como si eso le fuera posible a nuestro pensamiento! Mis reflexiones filosóficas no reclaman para sí la verdad.

¿Para qué sirven estas reflexiones? ¿Para la manera en que usted puede trabajar?

Ante todo para un determinado modo de acercamiento a otras personas. Cuando en esta postura trato con victimarios o víctimas, con aquellos que fueron rechazados, por ejemplo con un asesino, permanezco absolutamente calmo. Puedo intervenir de un modo muy diferente a que si solamente los viera superficialmente como enredados. Si me detengo en los enredos, también quiero resolverlos.

Esta fue en su momento la razón por la cual usted comenzó con las constelaciones. ¿Muy pragmático, o no?

Por supuesto. Al nivel de los enredos, la solución está incluida en el enfoque y con frecuencia es factible. En el plano de "todos están al servicio", quizás no necesite una solución porque confío en esa fuerza primera.

¿Entonces en los movimientos del alma actúa más que el movimiento del sistema?

Sí. Este es un aspecto importante. Naturalmente, allí hay algo más en acción. La solución aquí no proviene solamente del sistema.

No entiendo.

Ella viene de una fuerza superior, que se vuelve hacia todos por igual y los une. Esto está más allá de toda conciencia ...

... y no tiene nada que ver con la constelación familiar como método. Existe una diferencia si se dice: Estoy en un sistema en calidad de representante y mis movimientos son los movimientos de quien yo represento en este sistema. O cuando digo: Todo movimiento proviene de otra fuerza. Lo primero lo puede ejecutar cualquiera. Con lo segundo es distinto. Quien trabaja con los movimientos del alma, se compenetra con una premisa religiosa, que es aquella que dice que somos movidos.

Para mí esto no es religioso, es filosófico.

¿Qué hace la diferencia?

Por un lado está la observación que existe un movimiento dentro del campo. Lo otro, es decir: que somos movidos, es una reflexión filosófica y una deducción.

   Si lo denomino "divino", entonces es una distorsión y una reducción que no se justifica. Hay un poder que actúa, pero es apresurado reflexionar sobre si eso es Dios o divino.

Entonces, para usted significa "religioso" partir de un dios. ¿Usted busca evitar eso?

Sí, exactamente.

Digamos que es un plano espiritual. En todas las filosofías existe eso. En el taoísmo, en el budismo.

En el taoísmo no se lo llamaría "divino".
   A partir de la reflexión filosófica se podría decir que todo lo que es movido debe ser movido desde algún lado. No es imaginable que pueda existir un movimiento a partir de sí mismo. No es razonable pensar eso. Pero no puedo probarlo, aunque para la práctica esta suposición es importante.

¿Por qué?

Como proceso interno tiene un buen efecto cuando veo que un sistema familiar es movido por otro poder. Además, los jóvenes investigadores neurólogos me dan la razón en este sentido.

Usted se refiere, por ejemplo, al investigador americano Antonio Damasio, quien con su equipo estableció que las emociones y los sentimientos recién deben "hacerse" a partir de las reacciones del cuerpo. Él dijo alguna vez que nuestro cuerpo no solamente está cerebrado, sino también corporizado.

Aún antes de tomar una decisión, en el cuerpo ya está definido hacia dónde ella se dirige. No es en absoluto una decisión libre, sino que le sigue a otro movimiento que ya está pautado. La idea que nosotros vamos a decidirnos ahora, es una ilusión. La decisión recién se torna consciente más tarde, después de que ya fuera tomada. De ahí yo deduzco que antes de moverme, ya estoy movido desde otro centro.

Usted está movido, si desde otro centro, ¿quién sabe? También se podría decir que nuestras decisiones están en los miembros.

No sabemos de dónde proviene la decisión, de todos modos no proviene de nuestra libre voluntad. No quiero definirlo, pero se pueden observar estos sutiles movimientos. Esto me hace ver que, sea como fuese la decisión que cada uno toma, previamente el individuo es movido desde otro centro.

"Debemos continuar avanzando"

Sobre los límites de las soluciones

Es esta un conclusión de un alcance muy extenso. Actualmente usted también habla del andar con el amor del espíritu. Antes usted decía que toma en su corazón a todos por igual.

Cuando tomo a alguien en mi corazón, entonces es a un nivel de sentimientos. Andar con el amor del espíritu es un amor completamente distinto. Es un amor espiritual sin emoción. Él dice Sí a todo lo que es – también a lo que parece malo.

Cuando vibro en esa tendencia, dejo de moverme y el otro movimiento me incorpora. Esto ya no tiene nada que ver con alguna búsqueda. Yo me detengo ante algo incomprensible y lo incomprensible me mueve y de repente se torna mensurable en su resultado.

¿Es este un camino que usted transita solo?

Él indica posibilidades y muestra que lo que nosotros hacemos con tanta habitualidad –aún con los movimientos del alma- es algo provisorio. En esa medida nos conserva abiertos para lo nuevo.

Usted insinuó que sobre ese fondo, hoy trata de otro modo ciertos temas como, por ejemplo, el aborto.

El aborto es muy complejo. Pero finalmente uno camina con el amor del espíritu, que se vuelve hacia todos. De pronto cada uno está cobijado en su sitio. En este plano no hay pérdidas. Este movimiento creador no pierde nada, a nadie se le quita la vida y todo lo que pudiera parecer perdido sirve luego a un Todo más grande. Se deja que descanse allí, sin desear nada, sin lamentar nada.

Yo lo conozco así, que en el caso de un aborto se hace una constelación concreta y el niño tiene un lugar clave en la constelación.

A veces lo sigo haciendo para que salgan a la luz los efectos que puede tener un aborto. Mi mujer, Maria Sophie, también ofreció este tipo de soluciones en las constelaciones familiares. Sin embargo, ello probó ser superficial, porque los pacientes volvían al cabo de un tiempo. Ella estableció que estas soluciones no lograban la profundidad necesaria. Así aprendimos que hay que ser prudentes y que se debe acceder a un área aún más amplia.

En el caso de abortos –y esto ahora es solamente un ejemplo– es fácil quedarse en el área de la conciencia y de la culpa e inocencia, victimarios y víctimas. Si penetramos en la otra área, todo se torna sobrio, muy serio, grande e inserto en algo más grande aún. Aquí se demuestra la importancia de avanzar.

Hace diez años existía la opinión de que con la constelación familiar se habría encontrado el método "Todo en uno", lo cual resultó ser apresurado. Lo que usted dice ahora, que la gente vuelve ...

... la gente no lo dijo, pero se podía ver que había algo no resuelto, que algunas soluciones eran apresuradas.

Aun cuando, según la primera impresión todo parecía estar resuelto.

Sí, todos estaban contentos. Yo aprendí que cuando se está tan contento, por lo general las soluciones no son lo suficientemente profundas.

No alcanzan, permanecen en un marco que a la larga no se sostiene.

Sí.

¿Tiene algo que ver con determinados temas o es de aplicación general?

Tenemos que avanzar. A través de este trabajo estamos obligados a crecer internamente. Ya no se trata solamente de la curación o de la solución de problemas. Por lo pronto se trata de la vida en su plenitud.

Algo más respecto del espíritu: El espíritu es liviano. Quien camina en el espíritu es liviano y apenas carga peso sobre el suelo. Y carga poco en un paciente. Y es feliz ente los ojos de todos tal como es.

Impreso en Look Impresiones S.R.L.
Hipólito Yrigoyen 1137 C.A.B.A.
Esta edición tuvo una tirada de 3000 ejemplares.